SV

Peter Sloterdijk
Das Schelling-Projekt

Bericht

Suhrkamp

Erste Auflage 2016
© Suhrkamp Verlag Berlin 2016
Alle Rechte vorbehalten, insbesondere das der Übersetzung,
des öffentlichen Vortrags sowie der Übertragung
durch Rundfunk und Fernsehen, auch einzelner Teile.
Kein Teil des Werkes darf in irgendeiner Form
(durch Fotografie, Mikrofilm oder andere Verfahren)
ohne schriftliche Genehmigung des Verlages reproduziert
oder unter Verwendung elektronischer Systeme verarbeitet,
vervielfältigt oder verbreitet werden.
Druck und Bindung: CPI – Ebner & Spiegel, Ulm
Printed in Germany
ISBN 978-3-518-42524-4

Voi che sapete
Che cosa è amor,
Donne, vedete
S' io l'ho nel cor.

Für Bea Therese

I Unsichere Voraussetzungen

Peer Sloterdijk,
z. Zt. Grand Hyatt,
Marlene-Dietrich-Platz, Berlin   12. März 2015

Kurt, mein Lieber!

Über unsere erneute Begegnung nach so vielen Jahren freue ich mich unglaublich. Du hast es ja selbst gesehen, frühe Verrücktheit verlernt man nicht.

Tu mir einen Gefallen und schick mir Deine Mail-Adresse in gut lesbarer Form. Bitte in Druckbuchstaben. Ich komme mit Deiner, verzeih, etwas krakeligen Handschrift nicht zurecht. Charaktervoll ist sie gewiß. Eignet nicht dem Charakter oft eine gewisse Unlesbarkeit?

Nach mehreren Versuchen, Dein Kalligramm zu entziffern, bleibe ich noch immer im Ungewissen. Die Postkarte mit dem Schwertknaben von Manet aus dem Metropolitan Museum spricht ja für sich, aber die Mail-Adresse, die Du auf der Rückseite notierst, kommt mir hermetisch vor. Du schreibst, als wärest du ein Ägypter, aufgewachsen mit Hieroglyphen, doch insgeheim ein Sympathisant der jüdischen Schrift. Die bringt es mit sich, daß die Folge von Konsonanten und Vokalen für Verwechslungen anfälliger wird. Bei natürlichen Sprachen fällt das nicht sehr ins Gewicht, jeder schreibt so orthographisch, wie er kann, irgendein Sinn ergibt

11

sich immer. In Netzadressen zieht der geringste Fehler den kompletten Ausfall nach sich. Ein Punkt an der falschen Stelle, ein vergessener Vokal, ein Leerschritt zuviel, sofort kommt eine Nachricht vom mailer-daemon: Ihre Nachricht konnte leider nicht ausgeführt werden. Die erste Maschine, immerhin, die sorry sagt.

Was wir vorhaben, ist ein va-banque-Spiel. Auch Du, lieber Kurt, solltest ununterbrochen auf dem laufenden sein, sieben Tage die Woche, nötigenfalls um vier Uhr morgens. Sende mir eine elektronische Anschrift in klaren Lettern, ich gebe sie sofort an das Team weiter.

Für heute kommt an Dich also noch einmal ein Brief auf Papier. Ich lasse ihn nachher unten beim Concierge ausdrucken. Unterschreiben werde ich ihn nicht, ich habe gegen Abend Termine in der Stadt. Geht alles, wie es soll, bringen sie ihn mit dem letzten Postausgang aufs Amt, dann hast Du den Brief morgen mittag.

Ein solches Zugeständnis ans Transportwesen von gestern werde ich vermutlich nicht mehr sehr oft machen. Kann man sich das in unseren Tagen überhaupt noch vorstellen? Ein beschriebenes Blatt Papier muß eine Nacht lang über Schienen rollen, vorbei an abgehängten Dörfern, bevölkert von vor dem Fernseher eingenickten Alten, in einen Briefumschlag gefaltet, frankiert und mit Autorenspucke zugeklebt, als ob der Absender in vorauseilender Zusammenarbeit mit den Behörden einer DNA-Probe zugestimmt hätte? Post und Vergangenheit sind zu Synonymen geworden. Folgen nicht alle abgestandenen Geschichten dem Schema: Nachtzug nach weiß der Teufel wo?

Zu den Nachrichten, die den Zug nehmen, rechnen

bei mir nur noch die Lebensbescheinigungen vom No-
tariat, die ich Jahr für Jahr mit eingeschriebener Brief-
sendung vorzulegen habe, damit die Pensionskasse das
Altersruhegeld nicht einstellt. Jeden Februar, wenn der
Himmel am tiefsten hängt, lasse ich mir mein Noch-
am-Leben-Sein beglaubigen.

Was wir für unser Unternehmen benötigen, ist alles, nur nicht Post alten Stils. Du verstehst mich? Es ist
nicht der Gang zum Briefkasten, der mich abschreckt.
Als Briefe-Einwerfer habe ich mein Soll erfüllt, als Mar-
kenkleber ebenso. Ich gehe auf die Siebzig zu, und dies
so zügig, daß ich mir überhastet vorkomme. Kannst Du
Dir vorstellen, wie viele Briefmarken ich geklebt habe,
um seelisch am Leben zu bleiben? Und wie viele Klap-
pen von Briefkästen ich habe fallen hören, nicht selten
mit dem Gefühl, Post und Schicksal seien dasselbe?

Setzen wir auf Effektivität, sind wir inzwischen vom
Netz abhängig geworden. Wir Alten stammen aus einer langsameren Ära, bei der Geschwindigkeit haben
wir nun zuzulegen. Zur Zeit machen ja viele auf neue
Langsamkeit, weil sie nicht kapieren, daß Lichtge-
schwindigkeit nicht nur eine physikalische Konstante
ist, sondern auch eine moralische Größe. Licht neutra-
lisiert schädliche Distanzen. Distanz ist ein Maßbereich
für erlaubte Gleichgültigkeit. Was weiter entfernt liegt
als das Zehntel einer Lichtsekunde, dürfen wir wahrscheinlich auch in Zukunft vernachlässigen. Hingegen,
was in die Zehntel-Lichtsekunden-Zone fällt, geht uns
früher oder später etwas an. Im 30.000-Kilometer-
Raum gelten die Spielregeln einer Betroffenengruppe.

Um die Wahrheit zu sagen, die Monate seit dem letzten Sommer, als wir anfingen, uns über den Antrag zu verständigen, bedeuteten für mich ein Ankämpfen gegen die vielen Anfälle von Entmutigung. Den Kollegen wird es vermutlich kaum anders ergangen sein. Schon früh zweifelte ich daran, ob wir uns an die richtige Adresse wenden. Die Deutsche Forschungsgemeinschaft, guter Himmel, ist sie nicht letztlich nur noch eine Anlaufstelle für Mainstreamer und Abzocker? Zudem machte ich mir Sorgen in bezug auf uns selbst. Obschon wir uns bestens zu ergänzen schienen, trat immer deutlicher ans Licht, wie weit unsere Ausgangspunkte voneinander entfernt liegen. Man kann auf die gemeinsame Sache eingeschworen sein, doch bleibt die Welt ein Tor zu tausend Wüsten, leer und kalt. Entschuldige, Kurt, so war es nicht gemeint. Sobald man Nietzsche zitiert, schießt man übers Ziel hinaus.

Daß wir uns durchgekämpft haben, erklärt sich vor allem aus der Klugheitsregel, den Zweifeln nicht zu viel Energie zu geben. Das war nicht gerade positives Denken, aber damit verwandt. Zwischendurch, als ich den soundsovielten Entwurf redigierte, hatte ich dem Trübsinn kaum noch etwas entgegenzusetzen. In dunkleren Stunden war für mich klar, warum aus unserem Vorhaben unmöglich etwas werden kann. Die Evidenz, daß es schiefgehen würde, saß vor dem Einschlafen auf meinem Brustkorb wie ein grinsender Affe. Am Ende hält man wieder nur einen Sammelband der Einsamkeiten in der Hand. Das war so offenkundig wie die typische Lüge unserer Zeit, im Fall eines Druckverlustes fielen Sauerstoffmasken von der Kabinendecke.

Daß wir uns recht verstehen, Kurt: Von dem Unfug,

den man an den Universitäten als Exzellenzcluster feiert, muß unser Vorhaben sich unterscheiden, obschon es ihm der Form nach gleicht. Bei einem Thema wie dem unseren wäre das Zusammenkleistern von »Ansätzen« aus diversen Fachgebieten ein Fehlgriff. Natürlich behaupten die Ansätze-Kleber, es müsse immer strikt interdisziplinär zugehen. In Wahrheit wollen sie bloß Geld und Stellen für ihre Vasallen.

Dergleichen geht uns gar nichts an. Wir haben einen Gegenstand entdeckt, der uns aus der Reserve gelockt hat, egal, womit wir uns zuvor befaßt haben. Früher hätte man gesagt, eine Idee hat uns ergriffen. Keine Angst vor Pathos! Angesichts der Idee müssen unsere Gehirne parallel gepolt sein. Nur dann ist man zu mehreren intelligenter als allein. So laß mich unsere Hypothesen noch einmal rekapitulieren.

Unser Team umfaßt bis jetzt nicht mehr als fünf Leute. Viele neue Mitstreiter werden nicht hinzukommen, zwei oder drei, wenn wir Glück haben. Naturgemäß sollten wir einen Kopf aus der Paläontologie heranziehen, was nicht einfach werden dürfte. Die Neuen hätten ja erst mal zu beweisen, daß sie die philosophische Wette begreifen. Uns wäre nicht damit gedient, könnte uns jemand Knochen für Knochen, Zahn für Zahn erzählen, wie der Übergang vom Hominiden-Weibchen zur Sapiens-Frau verlaufen ist. Hardware-Erkenntnisse bringen uns nicht weiter.

Unsere paläontologischen Freunde, die Knochen-Leser und Zähne-Interpreten, die kennen wir inzwischen mehr, als uns lieb sein kann. Mit ihren Elaboraten haben wir viele Stunden verloren. Sie werden uns nicht helfen, solange sie auf Perspektiven festgelegt sind, die nicht die unseren sein können. Irgendwie mag ich die Leute ja, sie kommen mir vor wie die zivile Abteilung des Skull-and-Bones-Ordens. Finden sie einen Bakkenzahn in Ostafrika mit einem Höcker mehr als sonst oder einen mit tönenden Löchern markierten Reiherknochen aus der Schwäbischen Alp, schlagen sie gleich Alarm und behaupten, die Menschheitsgeschichte müsse neu geschrieben werden. Wir vertreten die These, man solle sie von Anfang an ganz anders denken.

Damit kommen wir zu dem Punkt, an dem alles hängt: Es fehlt uns jemand, der die Neuro-Gynäkologie vertritt, oder um das schlimme Kind beim Namen zu nennen: die Paläo-Endrokrinologie. Das wird die empfindliche Stelle in unserem Unternehmen bleiben. Vielleicht müssen wir sie bis zuletzt offenhalten. Besser selbst auf eine Lücke aufmerksam machen als eine falsche Besetzung riskieren.

Daß man die Hormone von Adam und Eva nicht mit dem Spaten ausgraben wird, ist leicht einzusehen. Vom Subtilsten ist nichts übriggeblieben. Wie diese Verlegenheit sich aufs Bild der Geschichte von homo sapiens auswirkt, davon hat niemand eine korrekte Vorstellung. Wir jedenfalls, von der philosophischen Sektion, verfügen nicht einmal über die vielsagenden Knochen, um die sich die Debatten der Kollegen von den anthropologischen Instituten ranken.

Noch können wir niemandem klarmachen, warum wir bei unserem Unternehmen spekulativer vorgehen als die Leute von der Altknochen-Abteilung. Daß auch vor hunderttausend Jahren die Lebensprozesse von

Hormonen gesteuert wurden, bedarf keines umständlichen Beweises. Die Botenstoffe – was für ein fabelhafter Ausdruck – waren die Hieroglyphen der Tier- und Menschwerdung, und sie sind es geblieben. Das ist so unbestreitbar wie die Kontinentaldrift, die noch niemand mit eigenen Augen gesehen hat. Unmerklichkeit ist die Handschrift aller tiefen Vergangenheit: Irgendwann liegen die Fragmente der vormals zusammenhängenden Landmassen Tausende von Kilometern auseinander, durch einen epischen Ozeangraben getrennt, und niemand war dabei, um die Entfremdung der Kontinente zu bezeugen. Nehmen wir an, eine desinteressierte Kamera im All hätte das Auseinanderdriften von Afrika und Südamerika mit einem Standbild pro Jahrhundert aufgenommen. Man besäße einen mitreißenden Film, der zeigte, wie die Landmassen sich scheiden lassen und nach der Trennung einander immer fremder werden, obschon man am Verlauf der Küsten noch ohne Mühe sieht, wo sie sich früher berührten.

Ähnlich ergeht es uns im Biosphärischen. Seit langem driften wir hormonell in Situationen, die wir nicht mehr überblicken. Gleichwohl sind die Botenstoffe, die dem Leben die entscheidenden Zeichen gaben, ganz real, so real wie die Sonnenwinde, von denen so gut wie keiner unter uns etwas spürt, Übersensible ausgenommen. Man müßte übrigens einmal etwas über Engel, Partikel und Hormone machen.

Unsere Vorfahren, die Afrikaner, drifteten auf der Kontinentalscholle um den halben Planeten, ohne zu wissen, was mit ihnen geschah, und die Hormone drifteten in ihnen. Laß eine gewisse Zeit vergehen, es müssen nicht einmal erdgeschichtliche Epochen sein. Das Reale verschwindet im Spurlosen.

Bei dem, was uns interessiert, können wir nie solide Evidenzen an die Hand bekommen. Unsere Kollegen von der Paläo-Fraktion wissen ja gar nicht, wie gut sie mit ihren episodisch auftauchenden empirischen Funden daran sind. Sie haben ihre Knochen und ihre Hypothesen. Die sprießen, welken und landen im Archiv. Im Unterschied zu ihnen arbeiten wir wie Paranoiker nur mit Unterstellungen, unter denen eine die andere trägt.

Was lernen wir aus dem Umstand, wir, die Nachkommen der enthaarten Affen, daß von den Sekreten unserer Ahnen nichts geblieben ist, außer dem, was wir davon in uns tragen? Offenkundig betreiben wir einen seltsam ausgerichteten secret service. Er muß mit der Annahme arbeiten, daß vom Entscheidenden nie etwas ans Licht kommt. Die neue Lehre von den ältesten Dingen hängt an diesem Befund. Die Wahrheit ist, daß wir das Älteste nicht haben. Die wirkliche Archäologie ist gegenstandslos. Wer das Vergangene kennenlernen will, kann nur im Dunkeln operieren. Das Dunkle ist nicht das Unbewußte, wie manche Psychologen meinten, es ist auch nicht das Mystische, das sich vorgeblich von selber zeigt. Es ist das Nicht-Nichts, das auf den ersten Blick dem vollendeten Nichts gleicht. Spurenlosigkeit ist die erste Tatsache der Naturgeschichte.

Schau: Im ostafrikanischen Sand gräbt man so in der Regel einmal im Jahr, auf jeden Fall jedes zweite, die Beckenschaufel einer Sapiens-Frau aus, die, sagen wir, vor 70.000 Jahren gelebt hat. Das Feuilleton antwortet mit Jubel, wie immer, wenn es neue Argumente für Konvergenz unter den Ahnen der Menschheit gibt. Die Unesco bewilligt Geld für weitere Grabungen. Ein Schulterblatt, ein Eckzahn mit Vorzeichen der Humanität, ein Wadenbein, ein Halswirbel, irgend etwas findet sich immer. Vorfahren existieren unglücklicherweise mehr als genug. Nicht bei allen hat die Zeit zum Verschwinden im Spurenlosen gereicht.

Nenne unsere Beckenschaufelfrau Eva, Lilith, Hannelore. Schon hebt ein Wesen den Kopf, das alle Distanzargumente gegenstandslos macht. Es könnte deine Urgroßmutter gewesen sein oder deine Großcousine.

Von ihrem Alltags- und Liebesleben wissen wir weniger als das Geringste. Hatte das Wort Liebe für sie schon einen Sinn? Die Hüftknochenbesitzerin muß ja auf ihre Weise »in der Welt« gewesen sein und Anteil genommen haben an Leuten und Sachen. Doch dürfen wir wirklich nach dem Eva-Inneren fragen? Wie könnten sich in ihr die Dinge geregt haben? Verfügte sie über etwas, das wir ein Eigenleben nennen würden? Kamen Beklemmungen in ihr auf, wenn die Sonne abends unter die Hügel fiel? War ihr ängstlich zumute, wenn sie gemeinsam mit den Ihren auf den Regen wartete, während der Savannenboden unter der Glut in Stücke sprang?

Sie sah wohl die Elefanten die Rüssel heben und sich den Rücken mit Staub bewerfen. Sie sah neugeborene Gnus aus den aufgeplatzten Scheiden ihrer Mütter auf die Erde poltern, hilflos naß und delikate Beute für die in der Nähe wartenden Gebisse. Sie sah die heimkehrenden Jäger, die sich zu mannhaft gaben, um ihre Niedergeschlagenheit nicht zu verraten. Sie sah das Lagerfeuer in der Savannennacht glimmen. Und sie wußte, die Leute, die das Feuer spüren, mit angstvollen Augen und wärmesuchenden Nervenenden, das sind die Wir.

Du ahnst es wohl, ich möchte auf etwas Bestimmtes hinaus. Lilith-Eva-Hannelore war unbestreitbar eine Frau, oder, um es so ideologiefrei wie möglich auszudrücken, ein weibliches Individuum. In der sozialwissenschaftlichen Fakultät würde man sagen: eine nach femininen Mustern sexuierte Person. Die Leute vom Leipziger Institut bescheinigen uns ohne weiteres, ihr genitaler Apparat könne sich in nichts von dem der zeitgenössischen weiblichen Angehörigen der Gattung homo sapiens unterschieden haben. Dennoch müssen wir einen Unterschied annehmen, da die Vorgänge, die zum aktuellen Stand führten, sonst noch dunkler blieben, als sie ohnedies sind.

Ich darf die Zwischenschritte überspringen. Wahrscheinlich ließ Lilith sich zu passenden Zeiten von zugangsberechtigten männlichen Stammesgenossen besteigen. Zu diesem Zeitpunkt herrschte wohl noch die reine a-tergo-Zeit. Man vergißt heute gern, daß bis vor kurzem – kurz, in evolutionären Zeiträumen gedacht – die Menschenfrau, wie ihre Vorgängerinnen unter den Großaffen, das von hinten zu begattende Lebewesen war. Indirekt erkennt man das bis heute an manchen afrikanischen Ausprägungen des weiblichen Rückenprofils, übrigens auch an den brasilianischen Bottom-Skulpturen, die unverkennbar noch immer die bio-konservative Drift bestärken. Hominiden-Erbe verpflichtet. Die Evolution verleiht selbst in der Ära der Globalisierung lokal ziemlich indiskrete a-tergo-

Rundungsprämien, auch nachdem hier und dort der Übergang zum face-to-face-Liebesspiel eingesetzt hat. Das dümmliche Wort »Missionarsstellung« denunziert im übrigen sehr zu Unrecht die menschheitsweite Tendenz zur Betonung des Begegnungscharakters von Sexualität, selbst wenn die neuen Trolle so tun, als solle das flüchtige Aufreiten erneut das Alpha und Omega im Liebesgeschehen werden, ob eine Kamera den Vorgang festhält oder nicht.

Jetzt taucht aus der Tiefe der Zeiten unser Problem auf, wenn ich so sorglos reden darf. Mit größter Sicherheit ist anzunehmen, daß Eva während der erotisch dunklen Jahrzehntausende relativ wenig angenehme Empfindungen verspürte, wenn der dunkle Aufreiter vorbeikam. War es kurz und lief ohne Beschwerden ab, mußte sie den Vorgang gut sein lassen. Gelassenheit weiblich begann, wenn Lilith den Kopf senkte und nicht nach dem Paß des Besuchers fragte. Eine unvermeidbare Zudringlichkeit setzte ein, die zuweilen nicht allzu abstoßend geriet, sofern der Gast sich für sein Vorhaben einige Minuten Zeit nahm, vielleicht sogar etwas mehr, sollte er ein verfrühter Trödler gewesen sein, ein vager Vorgänger der historischen Lüstlinge. Der Mann der ältesten Zeiten mag seine Lizenz daraus bezogen haben, daß er die treibenden Hormone für Geister hielt, die ihm den Auftrag gaben, die Nähe des Frauenunterleibs zu suchen. Wer damals Mann war, wußte unmittelbar, es gibt Dämonen, die in uns fahren und auf hitzige Entladung drängen. In unberechenbaren Intervallen treten sie ein, um ihre Absicht durchzusetzen. Ein Mann ist ein Medium für entladungswillige Geister.

Aus der Sicht der Frau zog der erregte Mann als Zufall ohne Gesicht vorbei. Der erigierte Aufreiter war nicht mehr als ein keuchender Schatten, der sich nach der Verrichtung seines Anliegens lautlos entfernte.

Irgendwann legten sich die Verwandtschaftssysteme über das formschwache Geschehen. Dann wurde das Aufreiten zu einem Element der Gesellschaftsstruktur. Mein Gott, sogar der große Lévi-Strauss ließ sich von der Idee der Verwandtschaft überrumpeln. Immerhin hatte er begriffen, daß aus Passanten paarungsbereiter Frauen früher oder später Ehegatten werden sollten. Von da an unterlagen die Zugangsrechte zum providentiellen Kanal einer strengeren Bewirtschaftung.

Lassen wir das Thema. Die Domestikation des Mannes ist ein zu weites Feld und die der Frau ein zu betrübliches.

Jetzt mache ich einen gewaltigen Sprung. Heute nacht habe ich meine Verlobte umarmt, die mich für einen Tag besuchte. Ja, mein Lieber, es gibt Neues unter der Sonne. Der Sache wegen füge ich an, die Aktion geschah in einem vorwiegend alteuropäischen Modus. Mehr ist hier nicht zusagen. Ich brauchte die Spiegelneuronen nicht zu bemühen, um zu wissen, daß es für meine Liebste schön war, in jedem Sinn des Worts, und für mich im Rahmen des Möglichen ebenso.

Verstehst Du, warum ich darüber spreche? Ich erwähne die private Episode nicht aus dem törichten Stolz eines Alternden, der einen letzten Pokal auf sein Trophäenregal stellt. Die apathische Beckenschaufel der Afrikanerin, die seit einer Weile in einem Leipziger Archiv liegt, und das Seufzen meiner Liebsten – um genau zu sein, ein etwas unzivilisiertes Schreien, garniert mit einem koketten Protest gegen das Zuviel –, sie sind, wenn man es recht betrachtet, unvermeidlich Teile ein und derselben Geschichte.

Geschichte? Ein zufälliger Anfang dort in der Savannendämmerung, eine vorpersönliche Intimkollision zwischen zwei geschlechtsreifen Individuen biologisch modernen Typs. Hier, an einem spätwinterlich-vorfrühlingshaften Abend zu Beginn des 21. Jahrhunderts in Mitteleuropa, eine Episode zwischen einem Mann und einer Frau, beide dem juvenilen Alter entwachsen, die einer Kultur des verlängerten Liebesspiels und des weiblichen Höhenflugs angehören.

Diese Entwicklung besteht fast nur aus Unterbrechungen. Was wir die Evolution nennen, ist ein Schwarzfilm mit ein paar hellen Flecken, die zumeist wenig Sinn ergeben.

Damit will ich nicht sagen, die althergebrachten Minuten-Kopulationen seien in der Savanne zurückgeblieben. Sie folgten dem Exodusvolk namens Menschheit, von Afrika bis nach Feuerland. Wahrscheinlich nimmt der Kurzzeit-Verkehr noch heute den größten Teil der erotischen Interaktionen zwischen den Vertretern des aufrechten Gangs in Anspruch, ja, ein gut Teil der heutigen Männer benehmen sich beim sogenannten Vollzug der Ehe wie Fernfahrer, die sich am Rastplatz erleichtern.

Und doch, beim vorzeitlichen Standard konnten die Dinge nicht überall stehenbleiben. Eine Fraktion der Ausgewanderten ging im Sexuellen andere Wege. Irgendwann taucht unter den Späteren der neue Archetypus für die Abmessung von erotischer Zeit auf, der sich die Liebesnacht nennt, wobei es töricht wäre, allzu buchstäblich an die Spanne zwischen Abend- und Morgendämmerung zu denken. Die Liebesnacht ereignet sich, wenn ein Paar die Zeit anhält und beiseite läßt, was dann als bloße Außenwelt erscheint. Wo ein Paar ist, fällt die Nacht herein. Im übrigen bin ich davon überzeugt, daß die Liebesnacht ein Modernismus ist, eine Nebenwirkung des Hütten- und Häuserbaus. Nur im Schutz des Innenraums konnte die Atmosphäre luxuriöser Geborgenheit entstehen, ohne welche die Einschiffung nach Kythera im Flachwasser endet.

Zwischen dem alten Zufall in der Savanne und der Episode in der Rheinebene von heute wölbt sich ein Regenbogen nie gestellter Fragen. Mit Sicherheit weiß ich über ihn nur eines: Er ist kein Spezialeffekt zur Beeindruckung eines Publikums. Auch stellt er keine optische Täuschung dar, wie sie nach Gewittern auftritt, sobald die Sonne ihre Präsenz wiederbehauptet. Der Bogen ist die Spanne, die die Lust brauchte, um auf die Höhe des Möglichen zu kommen. Über Zehntausende von Jahren dehnt sich in den Frauen eine Lichtbrücke. Über sie wandern unruhige Fluoreszenen, über ihren Pfeilern flackern energetische Auswüchse. Fast alles geschieht durch unsichtbare Transmissionen zwischen Nerven-Polen. Noch sind keine personalen Adressen eingerichtet, die diese Entladungen wie eingeschriebene Briefe des Universums ans Ich empfangen könnten.

Das alles verweist auf relativ Bekanntes: Zwischen Himmel und Erde bewegen sich grenzenlose Mengen an Energien, mit denen für uns keine gemeinsamen

Frequenzen existieren. Der phänomenale Raum ist ein schmaler Schlitz im Sein. Da ist ein Auge, das diese und jene Dinge bemerkt, dort sind Wellen, die durchs Unendliche vagabundieren. Zwischen Auge und Welle besteht kaum eine Begegnungschance.

Unsere einzige Option auf Zugang zu den Wellenmeeren wird ausgeübt durch das, was man die Wahrnehmung nennt. Doch Wahrnehmungen sind, Dir muß ich das nicht sagen, nur Episoden. Die wirkliche Welt ist alles, was außerhalb der Wahrnehmung der Fall ist. Es sei denn, das Auge wird hellsichtig und schaut für einige Momente in einen sonst nicht zu beobachtenden Bereich hinüber. Oder die entrückten Schwingungen erbarmen sich unser und wechseln für die Dauer von Sekunden auf für uns zugängliche Frequenzen.

Wenn wir also spekulative Physik treiben, mit Schelling als unserem Schutzheiligen, verstehen wir recht gut, was wir tun. Wir wissen auch ungefähr, was wir nicht wissen. Mit Esoterik hat das nichts gemein. Von der fast anästhetischen Schnellkopulation im Bann periodisch ausgeschütteter Hormone unter der afrikanischen Nacht zu den von Seife und Seide gehegten Liebesnachtfeiern der osteuropäischen und hanseatischen Damen, die sich in ihrem Vorsatz nicht beirren lassen, in diesem Leben zu erfahren, was erotisch auf Erden möglich ist: Von dort nach hier führt etwas, was man einen »Weg« nennen darf.

Vielleicht ist es nicht einmal ein Weg. Eher eine ballistische Kurve. Sie gleicht einer feuerwerksartigen Steigerung, bei der das Frühere dem Späteren einen Anstoß mitgibt. Ist es ein Zufall, wenn in den Ausrufen von

Zuschauern bei Feuerwerken dieselben Vokale überwiegen, mit denen sich libidinöse Gipfel anzeigen?

Die fröhliche Wissenschaft steht an ihrem Anfang. Sie stellt die Frage, ob man den angedeuteten Bogen noch als ein Kapitel der Naturgeschichte begreifen darf? Fällt er nicht bereits in die Geschichte der Zivilisation? Müssen wir auch hier die immer weniger plausible Unterscheidung von Natur und Kultur fallenlassen? Könnte es nicht sein, daß sich die Avantgarde der geistigen Evolution in den Nerven-Enden der weiblichen Organe festsetzte?

Lieber Kurt, um auf Deine Postkarte zurückzukommen. Genau zur kritischen Zeit erkundigst Du Dich, wie weit die Sache mit Bonn gediehen ist. Nach den ersten Reaktionen von dort bin ich nicht in der Stimmung, den Stand der Verhandlungen zu schildern. Sobald ich von Berlin zurück bin, schicke ich Dir den Antwortbrief in Kopie, dann siehst Du die Bescherung mit eigenen Augen.

Polemik treibe ich in meinen fortgerückten Jahren nicht mehr. Der Streit um Ansichten ist ein Genre für begabte Junge und mißratene Alte. Du erinnerst Dich vielleicht, bereits in meinen ersten Zeiten an der Universität habe ich regelmäßig Nietzsche gelesen, eine Gewohnheit beibehaltend, die sich auf der Oberstufe des Gymnasiums bei mir festgesetzt hatte. Nietzsches Prosa ist der einzige Deutsch-Unterricht, den ich bis heute gelten lasse. Seine Meinungen interessieren mich kaum noch, doch wie er Sätze bildet, bleibt das Maß der Dinge.

Was Du vielleicht nicht weißt, das ist, daß ich schon damals für den Umgang mit den letzten Menschen übte. Natürlich ließ ich mir nie etwas anmerken. Die Leute brauchten nicht zu wissen, daß der nette junge Mann, den sie vor sich sahen, das böse Auge hatte. Satan nach dem Fall ist ein höflicher Beobachter, der alles läßt, wie es ist. Mehr Hölle, als es schon gibt, muß man nicht veranstalten. Der Teufel ist der Konservator der Zustände. Bereits damals wußte ich, was sich in einem Reihenhaus des Seins abspielt. Wie der letzte Mensch sich im Spiegel zublinzelt, war mir schon in jenen Tagen kein Rätsel. Ihn zusätzlich zu beleidigen, spürte ich zu keiner Zeit ein Bedürfnis.

In späteren Jahren hütete ich eine Weile bei den Kritischen von Frankfurt die Säue. Es war eine lehrreiche Zeit, jenseits von Frustration und Befriedigung. Irgendwann dämmerte mir, daß man von Soziologie und leeren Überlegenheitsgefühlen nicht leben kann. So begann die Suche nach haltbaren Überzeugungen, ich machte mich zu meinen indischen Exkursionen auf. Osterweiterung der Vernunft nannte ich meine Morgenlandfahrt. Von den Kollegen wurde das wie üblich für eine literarische Pointe gehalten. Wir beide, Du und ich, hatten uns damals seit einer Weile aus den Augen verloren.

Es muß nach 1980 gewesen sein. Zurück aus Indien, begann ich, nach Überwindung einiger Widerstände, mich mit Martin Heideggers Werk zu befassen, das damals in unseren Kreisen schon ähnlich verpönt war wie heute, nur aus anderen Gründen. Was die Widerstände anging, sage ich nichts. Sollen andere sich mit dem Rätsel plagen, wie ein beachtlicher Denker eine so verschrumpelte Person sein konnte. Von seiner Notzüchtigung der deutschen Sprache ist hier auch nicht zu reden.

Heideggers Leitvokabel »Seinsvergessenheit« habe ich nie benutzt, doch hin und wieder leise vorausgesetzt. Da ich unter dem Zwang leide, Begriffe mit Bildern zu verbinden, stellte ich mir unter Seinsvergessenheit gern ein meteorologisches Phänomen vor. Vom Atlantik treibt eine Wolkenfront aus gewitterträchtiger Unbelehrbarkeit auf Europa zu, um von der Bretagne bis zum Ural abzuregnen. Was uns da von Westen überkommt, ist keine Dumpfheit wie jede andere. Man sagt dazu auch Pragmatismus, was nach Campusgrün, Faculty Clubs und Studentinnen in BH-losen T-Shirts klingt. Bewässert durch die ständige Westströmung, bilden wir uns ein, wir seien freier und wissender als jene, die vor uns waren.

Nein, sagt der Meister von Meßkirch, wir sind nur viel verlorener. Die westliche Welt gleicht einer Plantage, in der nur noch die Saaten der Überheblichkeit gedeihen. Auf Feldern wie den unseren, meint der Mützenmann, wächst Ursprüngliches nicht mehr. Die falsche Aufputschung ist in allem. Schon bei den Pflanzen hat der Mißwuchs vor über hundert Jahren angefangen. Sämtliche Verbrechen des letzten Jahrhunderts waren bereits im Kunstdünger enthalten. Daß man Getreide von Drogen abhängig macht, das besagt doch alles.

Der Rest ergibt sich wie von selbst. Die Böden sind versiegelt, die Horizonte verbaut, das Kommende gefangen in Gittern, die man Projekte nennt. Machtblödheit hängt ihre Selbstportraits auf jede freie Fläche. Überall wütet die Seuche, es den Amerikanern gleichzutun, dem rätselhaften Kindvolk, das immer übergroß sein will, während es den Rest der Welt in Grund und Boden grinst. Soft power nennen es die Ignoranten.

Wie stets bei Heidegger ist vieles schief gesehen und plump gesagt. Doch triftig oder nicht, von seinem Gezeter um das Sein bleibt etwas hängen.

Bei Frustration setze ich mich normalerweise aufs Fahrrad. Nach zwei Stunden im Freien komme ich positiv leer nach Hause. Die Unsportlichen haben Mühe, einzusehen, daß man die meisten Probleme mit den Beinen löst. Ich bin nicht sicher, Kurt, ob Dir klar ist, Radfahrer sind keine Sportler wie die übrigen. Sie zeugen für den realen Eskapismus. Sie stellen unter Beweis, daß nur die Flucht nach vorn Lösungen bringt.

Für mich war angesichts des Karlsruher Wetters in den letzten Tagen nicht daran zu denken. Dieses Jahr ist der Frühling spät dran. Nur Extremvelomanen wagen sich hinaus, meist Leute, die mit dem Doping im Februar beginnen, um für die Frühjahrskriterien in Form zu kommen. Manchmal beneide ich sie, doch als ambitionsloser Senior kann ich es mir leisten, einige Wochen auf bessere Verhältnisse zu warten.

Ich mußte gestern nach Berlin fliegen zu einer Podiumsdiskussion an der Katholischen Akademie über mein vor kurzem erschienenes Buch »Religion in der Moderne: Umrisse einer Allgemeinen Dichtungstheorie«. Ich frage mich, ob Du es schon erhalten hast. Den Verlag hatte ich gebeten, Dir ein Exemplar zu senden.

Dort mache ich den Vorschlag, Theologie als Poetik

neu zu formulieren. Die Reaktionen der Betroffenen sind bisher distanziert zustimmend, was mich ein wenig wundert, da Theologen meistens wie Pflichtverteidiger Gottes agieren. Vom Besserwissen lassen sie sich nicht abbringen. An manchen Tagen wäre ich auch gern gläubig. Dann würde alles, was ich lese, zur Hilfswissenschaft bestehender Überzeugungen. Da ich den Zweifel für tiefer halte als den Glauben, wird bei mir alles Hilfswissenschaft des Gegenteils.

Die Grundidee des Buchs ist schlicht wie alles, was man am Abgrund formuliert: Was dich ergreift, wird dein Gott. Die Sprache, die du alltäglich sprichst, hat dich tiefer erfaßt, als du dir jemals klarmachen kannst. Wir dichten, ob wir es wissen oder nicht. Kollege Herder grüßt herüber. Die Sprecher moderner Sprachen wissen aber nicht, daß Phrasengeister bei ihnen ein und aus gehen.

Die Berlin-Reise paßte mir eigentlich nicht ins Programm, weder nach meiner inneren Verfassung noch vom Kalender her. Eine Absage hätte zu viele freundliche Helfer vor den Kopf gestoßen. Halbwegs ratlos ließ ich den Brief aus Bonn auf dem Stapel mit den unerledigten Papieren zu Hause liegen. Während des Flugs nach Tegel dachte ich noch manchmal an ihn. Wirklich verärgert war ich nicht, eher in sarkastischer Stimmung. Die Erkenntniswirtschaft, man macht sich über sie keine Illusionen mehr! Auch die mit öffentlichen Mitteln finanzierte Theorie-Factory rotiert im Modus business as usual. Dann kommen Leute wie wir daher und möchten Funktionären ein extraterrestrisches Produkt verkaufen.

Als ich in Tegel das Taxi bestieg, klang die gereizte Verfassung nach. Im Flugzeug kann man ja nichts loswerden, weil man stillgestellt ist. Dann nützt dir auch ein Gangplatz wenig. Ich vergaß die Irritation erst, als der Wagen durch die lange Unterführung hinter dem Hauptbahnhof fuhr.

Sobald das Licht am Tunnelausgang aufleuchtete, begann mein Ich-bin-wieder-da-Ritual zu laufen. Wie üblich wurde ich die Marionette des genius loci. Der Himmel über Berlin Mitte zieht bei mir die Fäden, egal, was der Anlaß der Reise ist. Mit dem Hauptstadtmythos hat meine Nachgiebigkeit nichts zu tun. Wie vormals Schwabing ist Berlin keine Stadt, sondern eine Stimmung. Sie müssen nicht um den Block fahren, ich steige an der Ecke aus. Eine Quittung? Machen Sie zweiundzwanzig! Schön, daß Sie uns wieder besuchen. Hatten Sie eine gute Anreise? An einer Rezeption spielt sich Archetypisches ab. Die Sorgen bleiben beim Concierge. Jedes Hotelzimmer bringt einen Neuanfang.

Diese Leute in Bonn nehmen sich in puncto Ignoranz einiges heraus. Was tun, wenn Seinsvergessenheit als Behörde auftritt? Die Fragen, die von den Forschungsgemeinschafts-Angestellten zu unserem Antrag notiert werden, verraten, sie haben nicht die Spur einer Witterung für unser Vorhaben. Aus ihren Anmerkungen geht hervor, daß der Name Schelling ihnen nichts bedeutet. Bevor sie gegoogelt hatten, tippten sie vermutlich auf einen englischen Dichter. Die Unterzeichnerin des Briefs, der den Eingang des Dezember-Papiers bestätigt, schreibt allen Ernstes, unser Bezug auf diesen Autor stelle unsere Zugehörigkeit zu einer »heute eher marginalisierten Frage-Kultur« unter Beweis. Prima vista werde der Bezug der deutschen Naturphilosophie zum Phänomen des weiblichen Sexualerlebens nicht transparent. Überdies habe man den Eindruck, dem Vorhaben, »so anregend es sei«, liege ein essentialistisches Konzept von Lustempfinden zugrunde, das gegenüber dem aktuellen Stand der neurologischen Debatte möglicherweise nicht anschlußfähig sei. Man habe den Antrag bisher nicht näher geprüft, die externen Gutachten seien jedoch in Auftrag gegeben.

Vielleicht war es ein Fehler, in einem für die Augen von Theoriebürokraten bestimmten Dokument Ausdrücke wie »Zu-sich-Kommen der Natur« oder »Augenaufschlag der Materie« zu verwenden? Aber hätten wir darauf verzichten sollen, von der Melancholie der Tiere zu reden und von dem Unerlösten in den nicht-menschlichen Organismen? Daß sich so etwas mit New-Age-Unfug verwechseln läßt, war uns kein Geheimnis. Leichtsinnigerweise waren wir von der Hypothese ausgegangen, wir würden es mit unterscheidungsfähiger Intelligenz zu tun haben. Wahrscheinlich waren wir zu sehr vom eigenen Elan benommen, und wir wollten herausfinden, wie weit man mit Formulierungen jenseits der börsennotierten Diskurse gehen kann.

Nun bekommen wir zu spüren, was zu erwarten war. Um unsere Chancen stünde es vermutlich besser, hätten wir die zeitübliche naturalistische Tarnung gewählt. Doch das hätte bedeutet, die Idee zu verschweigen.

Nun gut, die Leute sollen nicht glauben, die Fünferbande ließe sich so leicht aus der Fassung bringen.

Hauptsache, wir bleiben unserer Sache gewiß. Schreib mir umgehend Deine Mail-Adresse auf, in Klarschrift, wie gesagt. Du hörst bald Näheres.

Es wäre hilfreich, könntest Du diesen leider etwas ausufernden Brief per Fax oder Scan so rasch wie möglich an Desiree, Beatrice und Guido weiterleiten.

Ich weiß nicht wieso, mein Lieber, mir kommt es ständig vor, als hätten wir keine Minute zu verlieren.

Herzlich und in Vorfreude auf unser Wiedertreffen.

Peer Sl.

Kurt Silbe <kusil@t-online.de>
13.03.2015 21:03
An: Peer Sloterdijk <sloty@durlacherfreiheit.de>
Cc: Desiree zur Lippe <desili@gmx.at>;
     Guido Mösenlechzner <moeslech@alice.it>;
     Beatrice von Freygel <beabonadea@orange.fr>

Lieber Peer, geschätzte Mitverschworene,

es tut mir leid, daß meine Handschrift für Unklarheit sorgt. Ich hatte wohl in den prägenden Jahren nicht genug Gelegenheit, an der Vervollkommnung meiner Klarschrift zu arbeiten. Vielleicht sorgt die verbleibende Zeit für Besserung, ich glaube nicht daran.

Zur Richtigstellung der mitklingenden Vorwürfe merke ich an, daß ich mit meinen Kritzeleien immer gut gefahren bin. Dreimal war ich verheiratet, jedesmal hatte es mit Briefeschreiben angefangen. Korrespondiert man lange genug, liegen die Verfasser irgendwann miteinander im Bett, das kommt einem Naturgesetz

33

gleich. Dächte ich gründlicher nach, was ich für heute besser unterlasse, gelangte ich zu dem Schluß, daß Liebe und Unlesbarkeit mehr miteinander zu tun haben als Unlesbarkeit und Charakter.

Um Mißverständnissse künftig auszuräumen, hier für alle meine Mail-Adresse: kusil@t-online.de

Noch immer bin ich mir nicht ganz im Klaren, worauf wir uns einlassen. Originell finde ich unseren Ansatz mehr denn je. Er ist tatsächlich *groundbreaking*, wie es im Abstract so schön heißt. Jedesmal, wenn ich das Konzept durchdenke, spüre ich, wie der Gedanke bei mir von neuem einrastet. Die Sache behält Hand und Fuß, gleich aus welchem Winkel ich an sie herangehe.

In Fragen der Höhepunktforschung hat man seit Masters, Johnson und Hite viel Neues nicht mehr zu hören bekommen. Diese Leute waren Hard-core-Positivisten, wie sie im Buche stehen, somit Lichtjahre von einer Position entfernt, von der aus man intelligente Fragen hätte stellen können.

Dennoch, ich will mir keine Illusionen machen. Schon höre ich Feministinnen alter Schule heulen: »Die Männerphantasien schlagen zurück.« Früher oder später wird *Bild* behaupten, man habe eine Bande von Pseudo-Gynäkologen auffliegen lassen. Die wollten bei Vater Staat eine Förderung beantragen, um unter dem Vorwand von Grundlagenforschung Doktorspiele zu treiben.

»Zwischen Biologie und Humanwissenschaften: Zum Problem der Entfaltung luxurierender weiblicher Sexualität auf dem Weg von den Hominiden-Weibchen zu den Homo-sapiens-Frauen aus evolutionstheoretischer Sicht mit ständiger Rücksicht auf die Naturphilosophie des Deutschen Idealismus.«

34

Ich könnte es niemandem übelnehmen, der behauptete: Dergleichen könne nur in provozierender Absicht formuliert sein oder mit irreführendem Vorsatz. Nie hätte ich es gewagt, die Sache so ungeschützt anzugehen. Überdies, die Platzhirsche der Philosophie werden sich grün und blau ärgern, sobald sie Wind von dem bekommen, was wir destillieren.

Bei der Endfassung des Titels haben sich Desiree und Peer durchgesetzt, wahrscheinlich, weil sie beide das Tollkühnheits-Gen haben, das mir fehlt. Wäre ich genetisch ausgestattet wie sie, was hätte ich für ein Leben führen können. Aber ich jammere nicht, Klagen ist für Toren. In letzter Zeit höre ich wieder öfter die *Winterreise. Fremd bin ich eingezogen.* Schubert wußte schon alles über das Leben mit Migrationshintergrund. Er rechnete mit einer frühen Abschiebung aus dem Dasein. Wie auch immer, traurige Musik senkt die Behandlungskosten.

Was Beatrice von unserem Projekttitel hält, kann ich nur vermuten. Bisher hat sie den Intellektuellen den Vortritt gelassen. Noch haben wir kaum miteinander geredet. Soweit ich die Dame kenne, findet sie Zuspitzungen erheiternd, je pikanter, desto besser. Aber was sage ich kennen? Es gab zwischen uns bisher nur eine kurze, für mich eindrucksvolle Begegnung am Rande einer Konferenz in Paris, die sie an der Seite unseres Alphatiers besuchte. Das war Ende Januar, aus Anlaß einer Tagung über Heidegger und »die Juden«.

Bis dahin dachte ich, was für uns alle auf der Hand zu liegen schien: Im Folgenden würde Peer den most valuable player auf dem Platz darstellen. Seit Beatrice aufgekreuzt ist, sehe ich eine zweite Möglichkeit. Durch sie hat das Wort »Leuchtkörper« für mich einen veränderten Sinn angenommen. Vermutlich hat sie jüngst eine größere Dosis Sonnenwind absorbiert. Seit dem letzten Herbst sollen sich die solaren Protonenstürme vervielfacht haben. Hätte man Beatrice die Redaktion unseres Papiers überlassen, ich könnte mir vorstellen, sie hätte das Ganze einfach *Vita femina* genannt.

Bei bluff-rezeptiven Gruppen würde das Eindruck gemacht haben, die längerfristigen Folgen fürs Gesamtunternehmen gerieten hingegen problematisch. Unser knappes Kapital an Seriosität wäre nach der ersten Verhandlungsrunde aufgebraucht. Nicht daß man in Bonn gegen Bluff resistent wäre, im Gegenteil. Nachdem die Politiker weggezogen sind, glänzt Bonn als die Bluffhauptstadt der Bildungsrepublik Deutschland. Aber bis auf weiteres kann es sich niemand erlauben, unter einer Nietzsche-Devise öffentliche Mittel zu beantragen.

Guido, dem Bedenklichen, dürfte schon der aktuelle Projekttitel im Magen liegen, wenn er auch in seiner Überhöflichkeit kaum etwas dagegen vorbringen wird. Damit keine Mißverständnisse aufkommen: Ich halte es für einen Glücksfall, daß wir Guido im Boot haben. Von seiner Bachofen-Edition habe ich seinerzeit viel profitiert. Seine Thesen über Pornographie als vergebliche Verschwendung finde ich tausendmal anregender als das Zeug, das man von den Veteranen aus Frankfurt liest. Was Mösenlechzners Ansatz als solchen betrifft, bleibt die Wette offen. Matriarchatsforschung ist gegenwärtig nicht der große Aufreger. Dem Gang zu den Müttern fehlt der Nachwuchs. Aber vielleicht ist das Fach noch einmal für eine Überraschung gut. Totgesagte Theorien haben manchmal den zweiten Atem.

Was mich selber angeht, bin ich jetzt froh, mit von der Partie zu sein. In meinem Alter ist man dankbar für Wagnisse, die man von zu Hause aus eingehen kann.

Mit den besten Grüßen aus dem schlechtwettersicheren Köln!

Ku&Sil

Postskriptum

Liebe Kollegen, Euch sollte doch klar sein, dieser Brief ist an alle gerichtet, nicht nur an Sloterdijk. Jahrzehntelang, genauer seit Anfang der achtziger Jahre, hatte ich ihn nicht mehr getroffen, bis wir uns vor gut einem Dreivierteljahr wiedergesehen haben, dank eines Zufalls, den wir zur Gelegenheit machten, anläßlich eines nachmittäglichen Zwischenhalts auf meiner Fahrt von Badenweiler nach Köln. Eine knappe Stunde war vergangen, und wir waren im Gespräch wie in den Tagen jungfrecher Verwirrung, das Feuer er und ich die Flamme. Oder wars umgekehrt? Für mich fing so die Verwicklung in die Schelling-Sache an.

Evident scheint mir, Ihr sollt meine Hinweise wie persönliche Anreden lesen. Ich, du, er, sie, es: Unter uns müßten die Pronomen vertauschbar werden.

Verlangt ein Projekt wie dieses nicht, daß wir die Manieren gewöhnlicher Wissensfunktionäre hinter uns lassen, um von den bürgerlichen Konventionen nicht zu reden? Wie dürften wir von der Mitwelt erwarten, daß sie uns Kredit gibt bei, vorsichtig gesprochen, delikaten Erkundungen, solange wir selber wie die Ölgötzen miteinander verkehrten? Mit gewöhnlicher Diskretion kommen wir nicht weiter, untereinander nicht und in der Sache erst recht nicht. Es zwingt uns ja niemand, die Kommune 1 nachzuspielen. Die Devise von damals, jeder mit jedem, wäre unter uns deplaziert, schon aus Altersgründen. Auch räumlich wäre es zu kompliziert. Welche Probleme wir bei einer Finanzprüfung bekämen, möchte ich nicht ausmalen. Aber so etwas wie eine Ehrlichkeits-Gemeinschaft via Netz, das liegt im Bereich der Möglichkeiten.

Versprochen und beschworen? Kein Wort über einen Kollegen oder eine Kollegin, das nicht auch in seiner und ihrer Gegenwart und vor den übrigen Mitstreitern gesagt werden könnte? Einer für alle, alle für einen, die Musketiere ziehen ins Feld. Lese ich hiergegen binnen der nächsten achtundvierzig Stunden keinen Widerspruch, schreiben wir es in die Präambel unserer Satzung.

Vor dreißig Jahren hätte man sich auf den damals akuten Grundsatz berufen, wonach der Forscher, die Forscherin seine oder ihre Subjektivität in seine oder ihre Studien »einbringen« müsse. Das »Einbringen« hatte damals hohe Konjunktur, besonders in der Münchener Szene, nachdem sich die Typen von der Roten Zelle Germanistik mit der Arbeitsgruppe Weibliche Literaturwissenschaft zusammengetan hatten. Jäh klaffte eine neue Grenze auf, bei der man sich hüben oder drüben plazieren mußte. Was haben wir gelästert auf der Männerseite! Daß Frauen unbequem sein können, war nicht neu. Jetzt aber auch das noch! Ein Wissen sui generis sollte aus der Taufe gehoben werden! Mit weniger als einer weiblichen Wissenschaftstheorie wollten die Damen sich nicht zufriedengeben! Bis dahin war männliche Existenz für uns nur ein anderes Wort für Sachlichkeit gewesen. Plötzlich bekam man ex cathedra feminina zu hören, Frauen erkennen anders. Wir waren korrupt genug, hinzuzusetzen: besonders wenn sie ihre Tage haben. Eine Zeitlang machte am Institut der Ausdruck Menstruationsrelativität die Runde. Daß ich darüber lachen konnte, versetzt mich in Verlegenheit.

Um ehrlich zu sein, auch ich kann das übliche Gerede von Subjektivität kaum noch hören, nachdem jede vorfabrizierte Haltlosigkeit als Bekundung des subjektiven Faktors zum Fenster hinausgehängt wird. Aber in unserer Sache wäre die Besinnung auf den persönlichen Aspekt am Platz. Kurzum: Wäre ein Subjektivitätspakt zwischen uns nicht die passende Losung? In älteren Zeiten hätte man es weniger hochtrabend ausgedrückt. Im Grunde genügt der Mut vor dem Freund.

Beatrice von Freygel <beabonadea@orange.fr>
13.03.2015 23:31
An: Kurt Silbe <kusil@t-online.de>
Cc: Desiree zur Lippe <desili@gmx.at>;
Guido Mösenlechzner <moeslech@alice.it>;
Peer Sloterdijk <sloty@durlacherfreiheit.de>

Lieber Kurt,
wir werden uns sicher bald besser kennenlernen. Warst Du nicht der Typ, der sich in Paris für die streich-

holzdünnen Beine der blonden Schauspielerin mit den Superstilettos begeisterte? Du weißt schon, die mit BHL verheiratet ist, Arielle Sowieso, ich weiß den Nachnamen nicht mehr. Oben herum war sie reichlich ausgestattet. O Manno, bei der hast Du genau hingeschaut!

Gerade komme ich von einem Treffen von Freunden in Eppendorf zurück, da finde ich Deinen Scan mit Peers ellenlangem Brief. Deine komplizierte Mail-Botschaft ans Team ist auch schon angekommen. Was meinst Du mit dieser komischen Subjektivität? Ehrlich gesagt, Eure Korrespondenz kommt mir manchmal vor wie in Gaunersprache geschrieben. Dann bin ich Gretchen, die sich wundert, was so ein Mann nicht alles, alles denken kann. Aber denkt, was ihr wollt.

Nichtsdestoweniger, hab besten Dank für die Mitteilungen. Peers Brief an Dich und uns alle ist ja ein halber Roman. Inzwischen weiß ich ungefähr, wie ich mit solchen Ergüssen umzugehen habe. Fürs erste klingt das Ganze suggestiv, doch muß man bei jedem Wort auf der Hut sein. Er tut dir nie den Gefallen, den du erwartest. Es ist mit seinen Auslassungen wie bei zeitgenössischer Musik, man hört einige schräge Noten und läßt sie auf sich wirken, doch wie es weitergeht, kann kein Mensch wissen.

Bin ein wenig bedüdelt nach dem Abend. Bei Champagner kann ich nicht nein sagen. Du kennst das sicher auch, ein Wort gibt das andere, palim palim, schon hast du einen in der Krone. Hinterher weißt du nicht mehr, was geredet wurde. Ob das auch mit dieser ollen Subjektivität zu tun hat? Manchmal frage ich mich, ob Ihr Intellektuellen nicht eine Schraube locker habt.

Deine Komplimente, Kurt, machen mich verlegen. Nun ja, nicht allzu sehr. Die Jahre, in denen ich errötete, liegen lange zurück. Doch das mit dem Sonnenwind leuchtet ein. Habe vorhin noch mehr nette Bemerkungen zu hören bekommen. Einer meiner Ex-Geliebten erschien auf der Party, der schnell wieder so tat, als wolle er auf hundertachtzig kommen. Tatsächlich treffe ich in letzter Zeit, sobald ich in Hamburg, Berlin oder München bin, erloschene Flammen, von denen manche erneut flackern wollen. Es war zu kühl, um auf die Terrasse zu gehen.

Apropos Schelling werde ich sagen, was mir dazu einfällt, sobald ich ausgeschlafen bin und auf dem Trampolin war. Für mich ist das ein Muß, jeden Morgen. Beckenboden, Perineum und so, eben die Gegend mit den blankliegenden Nerven. Das mit der relativen Menstruation ist wirklich frech, ich hab mich schlapp gelacht.

Sobald ich den Bonner Brief in Kopie habe, reden wir über die Strategie vis-à-vis der Behörde. Naturblond bin ich wohl, aber naiv? Ich darf behaupten, daß ich das Metier aus dem Effeff kenne. Bei den unmöglichsten Anlässen habe ich entdeckt, was man wann sagen muß und wie. Die anderen kochen mit Wasser wie alle Eingeborenen. Man darf sich nur nicht vom Zauberer des Stammes einschüchtern lassen.

Liebe Grüße

Beatrice

Desiree zur Lippe <desili@gmx.at>
14.03.2015 02:04
An: Kurt Silbe <kusil@t-online.de>
Cc: Guido Mösenlechzner <moeslech@alice.it>;
     Peer Sloterdijk <sloty@durlacherfreiheit.de>;
     Beatrice von Freygel <beabonadea@orange.fr>

Kurt,

was ich da von Dir lese, bringt mich auf die Palme, zumindest stellenweise. Einerseits finde ich Deine Überlegungen plausibel. Was Du zum Projekttitel sagst, klingt überzeugend, und was Du über die schon aus methodischen Gründen nötige Ehrlichkeit zwischen uns bemerkst, deutet in eine gute Richtung, obwohl man das Thema Subjektivität völlig anders angehen sollte. Andererseits, Deine Andeutungen, was die Frauengruppen von damals betrifft, sind, gelinde ausgedrückt, unter der Gürtellinie.

Bevor ich loslege, rede ich mir selber beruhigend zu: Mach keine Szene, Desiree. Du hast diese hysterische Ader, die kennen wir, aber mit Übertreibungen ist niemandem geholfen.

Besser, du verordnest dir eine erbauliche Geschichte, zum Beispiel die folgende, die man in einem fast klassischen Ton erzählen könnte. Von Gurdjeff, dem Guru von Fontainebleau, heißt es, sein Vater, ein Grieche aus dem russischen Teil von Armenien, habe ihm in jungen Jahren eine Regel auferlegt, wonach er, sobald er in Wut geriete, vierundzwanzig Stunden vergehen lassen müsse, bevor er eine Reaktion zeige. Vom heutigen Kenntnisstand aus gesehen (autogenes Training,

Neuro-Conditioning, Kognitionsforschung etc.), war das Ergebnis des Experiments vorhersagbar: Schon als junger Mann konnte Gurdjeff auf gar nichts mehr wie ein normaler Mensch reagieren, weil zwischen seinem aktuellen Ich und seinem Affekt immer ein Zeitgraben lag. Er hatte die emotionale Mechanik außer Kraft gesetzt. Folglich wurde er ein Lehrer. Leute dieser Art erklären den inneren Abläufen den Krieg. Sie lassen die psychischen Routinen ins Leere laufen, indem sie der Marionette die Fäden abschneiden. Dergleichen kann man in jedem spirituellen Lehrbuch nachlesen. Übrigens war in der Schule von Fontainebleau jahrelang ja einiges los. Für mich wäre es zu düster gewesen, Gurdjeff war ein ernster Teufel. Denkwürdig blieben die Stop-Übungen, mit denen Gurdjeff seine Adepten anleitete, auf ein Signal hin inmitten jeder Tätigkeit wie versteinert anzuhalten, notfalls mit einem Bein in der Luft oder mit der Teetasse an den Lippen. Nach einer längeren Phase des Stillstands durften die Schüler mit ihren Verrichtungen fortfahren. Sie unterwarfen sich den Übungen wie Lämmer, die sich einbildeten, einer Herde aus Einzigartigen anzugehören. Im ganzen war es ein depressiver Haufen. Die Wirkung des Trainings soll dennoch bei einzelnen beachtlich gewesen sein.

Die Lektion leuchtet noch immer ein. Hat man den Autopiloten abgeschaltet, fliegt man sein Leben mit der Handsteuerung. So wird ein Jetzt ohne das Rauschen des Gestrigen freigesetzt. Wachheit ist alles. Man soll im ständigen Neustart existieren, das übrige ist Tierleben und Automatendasein.

Gurdjeffianerin war ich übrigens nie. Ich hatte zu

keiner Zeit vor, die Marionette in mir von ihren Fäden abzutrennen. Die starken Affekte, Zorn zum Beispiel, finde ich zu wichtig, um sie zu neutralisieren. Wenn es dir um etwas geht, brauchst du eine starke Tendenz. Apathie ist ein falsches Ideal. Auf ein Ziel losrennen und denken gehören zusammen wie Beutetrieb und Aufbruch zur Jagd. Das wußte schon der alte Bruno, nicht unser heutiger Freund Bruno aus Paris, der neuerdings von Gaia schwärmt, ich meine den von früher, der die *Heroischen Leidenschaften* geschrieben hatte und den sie auf dem Campo de' Fiori verbrannten. Er wollte den Aristotelikern unter den römischen Bigotten partout nicht den Gefallen tun, die Unendlichkeit des Raums zu widerrufen. Er lehrte, das Streben nach Wahrheit sei eine Jagd, bei der der Jäger von den eigenen Hunden zerstückelt wird.

Kurt, lass mich jetzt etwas über Deine Idee des Subjektivitätspakts sagen. Da wäre ich in der Sache ganz bei Dir, wenn man bloß wüßte, was subjektiv heißen soll. War denn der Theoriemensch jemals subjektiv?

Schau, traditionell vollzog sich die Theorie wie eine Autopsie, bei der die Leiche den Anatomen motivierte, sich so tot zu stellen wie sie. Wir hatten lange nur Leichenhallenwissen von uns selbst. Was war die ältere Philosophie, wenn nicht ein Vorgriff auf den Tod? Zweieinhalbtausend Jahre Unfug auf Stelzen, ausgetüftelt von asozialen Logikern und magenkranken Immigranten aus der Ägäis, leptosom und schwul durch die Bank. Gegen die Mageren habe ich ja nichts und gegen Männer, die Männern nachschauen, auch nicht, aber wenn sie anfangen, auf ihre Weise abzuheben, passe ich auf. Ich sage, ganz ohne Reagieren geht nichts. Gurdjeff war auf dem Holzweg und nicht nur er, sondern die ganze apathische Schule.

Was hat das mit der Subjektivität zu tun? Hält man sich an das Portrait des vorgeblichen Subjekts, wie die Alten es gezeichnet haben, ergibt es die generalisierte Leiche. Um mit dem platonischen Sokrates zu reden, ist das, was heute Subjekt heißt, nichts anderes als die denkende Psyche, die sich zu Lebzeiten aus der Gemeinschaft mit dem Körper zurückgezogen hat. Sie will sich innerlich so weit absetzen, daß sie den sinnlichen Reaktionen von der Schippe springt. Dann sieht sie die geistigen Urbilder wieder, ganz wie in illo tempore, als sie im überhimmlischen Raum, dem späteren Empyreum, schwebte.

Beim Denksubjekt alten Stils drehte sich alles darum, der Sklaverei des Reagierens zu entkommen. Erinnere dich, wie Sokrates reglos bleibt, während der schöne Alkibiades sich nackt neben ihn ins Bett legte. Dabei war der Anus des Schönlings in Athen eine Legende. Es zirkulierten Gedichte, die die Öffnung des Alkibiades mit der Morgenröte verglichen. »Rosenfingrig« hieß die stehende Wendung, wie das homerische Beiwort für die Göttin des Morgens. »Rhodaktylos kylos«, das Rosenfingerhinterteil. Was waren die Griechen auf einem guten Weg, bevor der Rosenverächter auftrat! Nach anno Plato verwandelte sich die Weisheit in eine Anleitung zum Desertieren aus dem Körper. Von Botenstoffen wußte man noch nichts. Kein Mensch redete über Nervensysteme. Man sprach von den Wohltaten der Manie und von den guten Geistern, die uns bewohnen, solange sie uns gewogen sind.

45

In Gender-Dingen wird es von da an brisant. Seit jener Zeit wird ex cathedra doziert, als Deserteure mit Aussicht auf Ankunft am Steilufer der Theorie kämen ausschließlich Männer in Betracht. Die Philosophie war eine andrologische Klinik, in der vielversprechende Jünglinge vom Leiden des Zusammenseinmüssens mit den Körpern geheilt werden. Wenn ausschließlich Männer objektiv sein können, so weil sie von Natur aus heiß und trocken sind. Nachzulesen bei Aristoteles und Söhnen. Theorie ist wie weißer Rauch über einer Feuerstelle. Er kann nichts anderes als aufsteigen, man sieht ihn schon von weitem und muß ihn bewundern. Es zieht ihn nach oben, da er der profanen Gesellschaft die Gemeinschaft mit den Zahlen, den geometrischen Figuren, den Allgemeinbegriffen vorzieht. Punkt, Linie, Fläche, Volumen, auf solche Dinge geht das Begehren aus.

Frauen gelten als aufstiegsunfähig, weil sie ihrer Physis gemäß das Kühle und Schwere verkörpern. Die armen Wesen mit dem Schlitz bleiben dem heiligen Feuer fremd. Feuchtes brennt bekanntlich nicht gut. Eine klare Flamme kommt nie zustande. So dachten übrigens kluge Männer noch bis in moderne Zeiten. Sogar der fabelhafte Carus, der um 1820 das erste halbwegs brauchbare Lehrbuch der Gynäkologie in Deutschland schrieb, dozierte, Theorie und Frau fänden nicht zueinander, weil das Weibliche dem Gipfel der Reflexion wesensfremd sei. Die Frau kann man nicht trockenlegen. In der Sache setzte Carus sich sogar still und leise von Freund Goethe ab, da er durch die Blume zu verstehen gab, das Ewig-Weibliche ziehe den Mann gerade n i c h t hinan. Im besten Fall ergänzt es ihn, wie der Sumpf das Pendant zur weißen Wolke bildet. Unolympisch von Natur, bleibt die Frau ein Feuchtigkeitsphänomen. Von der Pfütze führt kein Weg zu den Begriffen.

Kurt, ich verstehe mit einem Mal, woher meine Wut kommt. Mit Deinen unterbelichteten Andeutungen hast Du mich an einen Freund erinnert, mit dem ich vor zwei Jahrzehnten ein halbes Jahr lang eine Affaire hatte.

Von heute aus betrachtet war dieser Lebensabschnitt wenig appetitlich. Ich war damals gerade in den Gemeinderat unseres Kaffs gewählt worden. In dieser Funktion kam ich im ganzen Landkreis herum und traf seltsame Leute. Sepp war ein Macho à la lettre. Vor meinen Freundinnen mußte ich ihn verstecken, da sie mich für eine Verräterin gehalten hätten. Er arbeitete als Salinen-Ingenieur in Bad Reichenhall, dort überwachte er die Konzentration der Sole in den Gradierwerken, in denen die Kurgäste herumspazieren und sich einbilden, die salzgeschwängerte Luft bewirke in ihren Lungen Wunder. Kennst Du den Eintrag von Kafka in sein Tagebuch aus dem Jahr 1914, wo er sagt, Karlsbad sei ein größerer Schwindel als Lourdes? Mit Karlsbad stand Reichenhall in dieser Hinsicht auf einer Stufe.

Als Liebhaber war Sepp eine Granate, aber ich war damals nicht bereit, Granatenmännern Raum zu geben. Ein aufgestiegener Bauernsohn blieb er für mich, mehr nicht. Ein Gockel, der nicht merkte, daß er ein Hund an meiner Leine geworden war. Unsere Beziehung entwickelte sich naturgemäß schwierig. Ich mochte ihn wie einen Bernhardiner, mit dem man sich als Frau bei

Alleinspaziergängen in den Bergen sicherer fühlt. Den Unterschied zwischen Männern und Haustieren hatte ich noch nicht ganz verstanden. Ein Mann ohne Leine kam nicht in Betracht. Sepp kapierte seine Promotion vom bayrischen Laufvogel zum bellenden Geleitschutz zu keiner Zeit. Dieser Übergang in eine andere Gattung überstieg seine Möglichkeiten. Für ihn war die Liaison mit einer Frau mit Doktortitel eine Eroberung, die ihn um den Rest seines Verstands brachte. Er blies sich auf, als brächte ihm der Zugang zu meiner Möse einen ständigen Sitz im Maximilianeum.

Der Mann hatte Sprüche drauf, die heute kein Mensch mehr für möglich hält. Noch jetzt fasse ich mir an den Kopf, wenn ich daran denke. Einmal waren wir wegen irgend etwas in Streit geraten, weiß der Teufel, worum es ging. Ich merkte, wie er unter der Maske von Vorwürfen immer schärfer auf mich wurde. Das verbale Scharmützel schien auch mir zu gefallen. Tatsächlich hatte sich bei mir etwas gerührt, wahrscheinlich aufgrund der Verwandtschaft von Kopulation und Zweikampf. Auf dem Höhepunkt des Streits wollte er mich anfassen. Ich weigerte mich und behauptete, ich hätte nicht die geringste Lust, mit ihm zusammenzusein, er solle doch die Weiber von der Kurpromenade ficken. Da verwandelte er sich in den Yeti. Er schrie mich an, ich sei eine widerwärtige Komödiantin, eine Schlampe mit Abitur, eine übelriechende Fotze, die lügt wie *Bild* und *Prawda* zusammen. In Wirklichkeit tropfte ich doch schon wie ein Kieslaster.

Von einer Sekunde auf die andere war ich von oben bis unten zerspalten. Er hatte ja recht, ich muß tatsächlich angetörnt gewesen sein, aber ich konnte es auf den Tod nicht ausstehen, daß er sich etwas darauf einbildete, es zu bemerken. Dafür hätte ich ihn in die neunte Hölle schicken können. Bei Dante ist es dort bekanntlich eisig kalt, was wohl verrät, daß Italiener den Frost mehr fürchten als das Feuer. Im untersten Inferno-Kreis herrscht eine so grauenvolle Kälte, daß Satan selbst im Eisblock feststeckt, die Augen von gefrorenen Tränen trüb. Ich wußte nur, Sepp sollte es kalt haben.

Du weißt, ich komme vom Land. Wie Schweinehälften aussehen, davon hab ich Bilder in mir, seit ich als Kind zuschauen durfte, wenn man Schweine schlachtete. Sie taten mir immer wahnsinnig leid, sobald sie vor Entsetzen quiekten. Trotzdem fand ich die Metzger toll, weil sie immer zu wissen schienen, was sie tun. Bei ihnen saß jeder Griff. Wie sie mit dem Messer umgingen, davon bekam ich große Augen. Am Abend von Schlachttagen dachte ich, wenn ich einmal heirate, so nur einen, der das auch kann. Jetzt war mein Schlachttag. Ich war nicht einmal fähig zu quieken, binnen einer Sekunde fiel ich in zwei Frauenhälften auseinander. Ich war so sprachlos, daß ich vom Schnitt nichts spürte.

Die kühle Hälfte fand, Sepps Spruch hätte irgendwie in einen Tatort-Dialog oder eine Kleinkunstbühne gepaßt. Gleichzeitig stieg in meiner anderen Hälfte ein grenzenloser Zorn gegen den Typen auf, weil der sich vormachte, er hätte ein Recht auf Einblick in meine Intimität. Was Themen dieser Art anging, sollte das eine entscheidende Lektion werden. Mit einem Schlag war mir bewußt, wie ein gewisses Männerpack funktioniert.

Dieses Volk ist davon überzeugt, es könne zaubern, sobald es dich auf den Rücken legt. Die Kerle passen deine Ekstase ab und setzen sich mit ihrem Ego drauf. Sie bilden sich ein, sie könnten die Weiberwelt mit ihrem durchbluteten Hauptargument zu Boden plädieren. In ihr möchten sie nach Belieben herumfuhrwerken, in Gedanken, Worten und Werken.

Manchmal habe ich Heimweh nach dem Beichtspiegeldeutsch von einst. Als Mädchen hatte ich keine Ahnung, wie Gedanken mit Worten zusammenhängen, an Werke wagte ich mich noch nicht heran. Das Beichten fand ich aufregend, weil man schon Tage vorher eine Liste anlegen mußte, damit der Pfarrer etwas zum Vergeben hatte. Ich wurde flirrig, wenn vor Ostern der Besuch beim Dechant von Rosenheim bevorstand. Gläubigsein war lohnend, weil man Gott um so näher zu kommen schien, je unanständigere Dinge man ihm anvertraute. Ich dachte damals, Religion ist, wenn man alles zugibt. Im Gestehen war ich gut, ob etwas vorgefallen war oder nicht. Schon damals wollte ich Gott nicht langweilen.

Lieber Kurt, noch etwas über Subjektivität. Ich hab es vorhin angedeutet. Als subjektiv erschien vorzeiten der Rest, der übrigblieb, wenn die Sinnlichkeiten abgefackelt waren. Die Welt war bloß noch ein Konglomerat von Materie und Mathematik. Hatte man das materiell Kontaminierte beiseite geschafft, blieb ein Mathe-Ich übrig, das mit den sinnlichen Wahrnehmungen nichts mehr am Hut hatte. Es wollte heim zum Zahlen-Gott. Es phantasierte von Auflösung im Objektiven, in den Kristallen, den Zahlen. Komm, o Tod, du Schlafes

Bruder! Von Ionien bis Jena, ein und dieselbe Melodie.

Dann machten sich die deutschen Idealisten über die Problematik her und drehten sie von unten nach oben. Im Grunde waren die Idealisten Akrobaten, die den Kopfstand übten. Sie dachten letztlich kaum anders als die hellenischen Alten, allerdings in einer so unwahrscheinlichen Stellung, wie man sie nur von yogischen Verrenkungen kannte. Sachlich gesehen hatten sie recht. Man kann genausogut mit dem Ich anfangen und alles andere als Korrelat zum Vorstellen behandeln.

Ihrem Wesen nach ist die Philosophie eine Seltene Dummheit, so wie man Seltene Erden sagt. Das darfst Du verraten, wem Du möchtest. Andererseits: Intelligenz gibt es wirklich. Animierte Körper nicht weniger. Sie löschen sich nicht gegenseitig aus. Wir müssen bloß Wege entdecken, wie man Intelligenz in Körpern begreift.

Hierzu kann man im alten Schelling immer noch einiges finden. Wieso wollte die Materie, die bis dahin so gut wie nichts erlebt hatte, irritabel werden? Warum konnten Molekülgruppen mit einem Mal subjektiv empfinden und sich von einem Inneren auf ein Außen beziehen? Ab wann sagt ein Dornbusch in Flammen »Ich bin, der ich bin«? Wie geriet das Licht in den Organismus? Kein Mensch weiß es, und doch wissen wir es auf dunkle Weise alle. Da hast Du meinen Sermon zur Subjektivität.

Ich schaue auf die Uhr, der Brief ist unanständig lang geworden. Es ist nach zwei, trotzdem bin ich noch immer nicht unmunter. Wenn ich mich aufrege, gibt es keine Nacht. Trotzdem werde ich zu Bett gehen. Keine Angst, Kurt, Du mußt mir bei meinem Nachtritual nicht zuschauen. Aus dem Brief von Beatrice weiß ich, Du starrst gern auf die Extremitäten von reiferen Frauen, am besten, wenn sie Streichholzbeine haben. Bei mir kämst Du nicht auf Deine Kosten.

Weißt Du was? Es ist doch seltsam. Seit einer Weile habe ich das Bedürfnis, den Spiegel im Bad abzuhängen. Ich will ohne mein Bild leben, wie einst als Kind. Längst hätte ich es getan, wenn nicht meine Tochter mit Sicherheit protestieren würde. Im Alter von siebzehn fängt man an, die Spiegel zu brauchen. Sie machen noch Komplimente, als hätten sie es vor dem Krieg in Frankreich gelernt. Für mich tritt die Verlegenheit der Selbstwahrnehmung in einem späten Stadium auf. Von innen her kann ich mich meistens gut leiden, doch das Spiegelbild stört. Eine habilitierte Frau über fünfzig, die nach zwei Uhr früh in den Spiegel schaut, neigt zum Nihilismus. Hingegen, liege ich im Bett und berühre mich, fühlt sich die Sache nicht übel an. Dann höre ich, wie der gute Geist flüstert, mir hätte nichts Besseres passieren können, als in meiner Haut zu stecken.

Du kennst doch den Censorinus? »De die natali?« Frühes drittes Jahrhundert nach Christus. Unser gemeinsamer Freund hat vor einer Weile darüber ausführlich geschrieben. Der Traktat über den Geburtstag ist eine groß aufgemachte Schmeichelrede für einen römischen Sponsor, die man in späteren Jahrhunderten als Muster für rhetorische Komposition benutzte, weswegen sie sich erhalten hat. Darin wird die Sache mit dem guten Geist erklärt. Bei der Geburt wird jedem Neugeborenen ein Genius zur Seite gestellt, der über die gesamte Lebenszeit bei ihm bleibt und nie weiter weg geht. Der Genius ist so etwas wie ein wohlwollender Stalker. »Adpositus« heißt der Ausdruck im Text. Was menschlich lebt, hat einen Genius dieser Art. Das Genie ist ein App, mit dem das Ich seine Optionen ausweitet.

Entschuldige, Kurt, ich gerate wieder einmal vom Hundertsten ins Tausendste. Schluß jetzt damit. Ich kenne ein natürliches Beruhigungsmittel.

Wenn mein Ding an sich zu glimmen anfängt, denke ich regelmäßig, Mensch, für diesmal ist es das. Manchmal hat es den Anschein, das Ding sei viel klüger als ich. Ärgerlich ist, daß mir meistens zumute ist, als käme ich nicht richtig mit. Vielleicht ich bin zu doof für den Höhepunkt. Der stürzt nach vorn und ist schon über alle Berge, sobald ich mit dem Nachdenken anrücke. Wenn man nur sagen könnte, was er meint. Stöhnen genügt jedenfalls nicht. Einschlafen mag zwar ein Ausweg sein, aber es führt nirgendwohin.

Bei Schelling gibt es Stellen, an denen man bei einigem guten Willen denken könnte, er sei an der Sache nahe dran gewesen.

Auf bald, Kurt, irgend etwas wollte ich noch zur Wut sagen. Jetzt hab ichs vergessen.

Desiree

Kurt Silbe <kusil@t-online.de>
14. März 02:46
An: Desiree zur Lippe <desili@gmx.at>
Cc: Peer Sloterdijk <sloty@durlacherfreiheit.de>;
Beatrice von Freygel <beabonadea@orange.fr>;
Guido Mösenlechzner <moeslech@alice.it>

Liebe Desiree

Um diese Zeit lese ich normalerweise keine Mails
mehr. Dein Brief trifft mich wie ein ansatzlos geschla-
gener Haken an den Kopf.

Nun bin ich noch neugieriger, Dich kennenzulernen. Ich hatte ja schon einiges von Dir gelesen. Wahrscheinlich ergibt sich bei der Strategiebesprechung in
Karlsruhe übernächste Woche Gelegenheit, uns endlich zu sehen, wenn auch Guido, Peer und Beatrice da-
beisein werden, doch spätestens, wenn wir alle zusammen, eventuell schon gemeinsam mit den Neuen, in
Bonn vor dem hohen Gericht zusammentreffen, Ende
April oder Anfang Mai. Wir müssen uns bald darüber
klar werden, wen wir hinzunehmen. Peer sagt richtig,
es fehlt die anthropologische Position, und wer das
Paläo-Gynäkologische übernimmt, steht in den Sternen.

In diesen Minuten komme ich von der Runde mit
den Kollegen vom Nachtprogramm zurück. Wir treffen uns jeden zweiten Freitag im Monat, um mit der
Unübersichtlichkeit der Welt aufzuräumen. Daß meine
Frau und ich in getrennten Wohnungen leben, bietet neben allen anderen Vorteilen auch den, daß man
abends freien Auslauf hat. Trifft man noch jemanden

zu später Stunde, braucht es keine Erklärung. Sie ist Musikerin. Da sie viel übt, entlastet es meine Ohren, die mit den Jahren unduldsamer werden. Eine leere Wohnung ist wie eine alte Freundin, die aufgehört hat, dich zu kritisieren. Wenn ich ausgehe, lasse ich das Licht an. Sobald ich aufsperre, denke ich, da ist noch jemand, der sich auf mich freut. Andere nehmen Psychopharmaka, ich lasse es auf die höhere Stromrechnung ankommen.

Je mehr wir Nachtradio-Schreiberlinge unter dem Rückgang unserer Sparte leiden – wer hört schon noch Hörspiele? –, desto tiefer schauen wir in die Gläser. Ein Glas ist wie ein Ich, aus dem ein Idealist getrunken hat. Wenn es leer ist, füllt man nach. In Köln kann es dabei spät werden. Wir mokieren uns über die machthabenden Halbaffen in den Abteilungen Politik und Unterhaltung, denen wir unseren progressiven Ruin verdanken. In kleiner Runde pflegen wir das Gefühl, wir stünden am offenen Grab des Qualitätsrundfunks. Kultur kommt einer Endlosbestattung gleich, und ihr könnt sagen, ihr seid echauffiert gewesen. Ist es ein Wunder, wenn an solchen Freitagabenden der Doppelkornpegel steigt wie im Frühjahr der Rhein?

Ein französischer Politiker hat vor Jahrzehnten bemerkt, der Stillstand hat sich auf den Weg gemacht, und nichts hält ihn auf. Ich würde eher sagen, die Russifizierung der Anstalten schreitet voran. Hier meckern die Heuchler über Putin, doch betrachte mal unsere Intendanten.

Desiree, Deine Botschaft greift mich stark an. Ich wollte zur Durchlässigkeit für das Unvorhersehbare zwischen uns mahnen, damit wir nicht von aufgesetzten Methodenzwängen fremdgesteuert werden. Und Du verpaßt mir eine Lektion, bei der mir die Ohren klingen.

Ich würde mich gern revanchieren mit einer Episode aus dem aufgewühlten Leben eines Nachtstudioschreibers, doch auf meiner Backlist finde ich nichts Überzeugendes. Aus jüngerer Zeit fällt mir nur Triviales ein. Ist es nicht beschämend, wie brav man im Lauf der Jahre werden konnte? Ich müßte bis in meine Studentenzeiten zurückgehen, um etwas zu finden, was Deinen Eröffnungen zur Seite zu stellen wäre, wenn auch nur von ferne. Für Ausführlichkeit ist es heute zu spät. Eine Andeutung bringe ich zustande.

München glänzte um die Mitte der siebziger Jahre erneut als Hauptstadt der Bewegung. Die Schriften von Wilhelm Reich, dem Rattenfänger, der den Freudo-Marxismus mit auf den Weg gebracht hatte, lagen auf jedem Schreibtisch. Wir liefen seinen Flöten nach, als wollten wir zu einem Kinderkreuzzug aufbrechen.

Zu jener Zeit hatten wir uns angewöhnt, zu glauben, es gebe mehrere heilige Gräber zu befreien, nicht nur das der Arbeiterklasse, das unter der Sozialdemokratie verschüttet worden war, sondern auch das der Verrückten, abgedeckelt von der bürgerlichen Psychiatrie. Am meisten interessierten wir uns für das heilige Grab der Sexualität, von der es hieß, sie sei unter dem Leistungsprinzip des Patriarchats versunken, die genaue Lage des Begräbnisplatzes habe man bisher nicht mit letzter Sicherheit ermitteln können. Die Sexualität sei aber nur scheintot. Um sie zu retten, müsse man mit der Exhumierung auf der Stelle beginnen.

Man mußte kein Genie sein, um dahinterzukommen, daß das Grab des Sexus in jedem Einzelnen liegt. Niemand ist für die Rettungstat so kompetent wie du, sobald du beginnst »Ich will« zu sagen, statt dich dem ewigen »Du sollst« zu beugen. Ohne es zu wissen, waren wir nietzscheanische Wölfe im marxistischen Schafspelz. Diese Verworrenheit nannte man damals revolutionäre Ungeduld alias den subjektiven Faktor. Im *Heinrich von Ofterdingen* hatte Novalis geschrieben: Nach innen führt der geheimnisvolle Weg. Weiß Gott, daß wir entschlossen waren, auf keinen romantischen Schwindel hereinzufallen, doch war die Richtungsangabe nicht falsch. Zum Unterleib führte der geheimnisvolle Weg. Klar, die Materie hat ein Innen. Kein Mensch hatte uns gezeigt, wie man sich verhält, wenn man dort angekommen wäre. Beim alten Bloch hatte man einiges über das Gären des Traums in uns gelesen. Wäre es nach dem grauen Häuptling von Tübingen mit der gegen Wind und Wirklichkeit grollenden Stimme gegangen, hätte aus unserem Klartraum bald die bessere Welt erblühen müssen. In sexuellen Fragen konnte man von ihm nicht viel lernen.

Heute kommt es mir seltsam vor, daß mir von den Episoden der Münchener Jahre nur ein paar gruppenerotische Experimente in Erinnerung geblieben sind. Die Reminiszenzen sind vage, als ob sie aus Büchern stammten, die man nicht ernst nahm. Unsere libidinösen Befreiungstaten wirkten auf mich wie Proseminare mit Übung. Eine einzige Szene hat sich mir eingeprägt, aber auch mit ihr verbinde ich keine Empfindungen mehr.

Meine damalige Freundin Aude, die ich am Romanistischen Institut bei einem Seminar über François Villon kennengelernt hatte, wollte uns bei gegebener Gelegenheit demonstrieren, was eine von Hemmungen freie Harke ist. Sie war eine Rothaarige mit einem Vorbau, den man durchaus als Appell zum Aufstand gegen die geistlosen Verhältnisse verstehen durfte. Selfies gab es damals noch nicht, also mußte man seine Haut vor anwesendem Publikum publizieren, wollte man einen Eindruck im Album der Befreiung hinterlassen. Eines Abends begann in unserer Haidhausener WG nach einer der üblichen Debatten über das Entfremdungselend der BRD eine verallgemeinerte Fummelei. Wie üblich bei living theatre löste der Unterschied zwischen Schauspieler und Zuschauer sich binnen kurzem auf. Fünf oder sechs Leute waren wir damals, und Aude war die erste, die sich ihrer Kleidungsstücke entledigt hatte, die anderen folgten wenig später nach.

An ihrem Slip waren Blutspuren oder anderes Dunkles. Ich frage mich, wieso das Gedächtnis dergleichen festhält. Wenig später, auch das weiß ich noch gut, hatte sie sich Peer an Land gezogen. Ich erinnere mich an das Bild recht genau. Er lag rücklings auf einer Futonmatratze, die damals unausweichlich zum Mobiliar gehörte, alternativ und steinhart wie das Leben in der Klassenlosigkeit. Peer war in solchen Angelegenheiten sehr kooperativ. Aude hatte ihn beflissen entkleidet und begann auf ihm ihr Hoppereiterspiel. Das irritierte mich, weil es mir wie ein Zitat ohne Quellenhinweis vorkam. Ich hielt ihre Entfesselung für ein Plagiat.

Von heute aus gesehen ist das Frappierende an der Geschichte, daß ich unfähig war, Eifersucht zu empfinden. Ich blieb ein Beobachter ohne Engagement. Daß Aude den Höhepunkt simulierte, war offensichtlich, und ebenso, daß Peer sich Mühe gab, mehr zu empfinden, als die Situation hergab. Der geheimnisvolle Weg erwies sich als Sackgasse.

Damals hätte ich etwas über mich lernen können. Mein Verhängnis war, oder um bescheidener zu reden, mein Problem bestand darin, daß ich den Vorgang ästhetisch nahm. Ich wollte nicht einsehen, daß ich einer Katastrophe beiwohnte. Audes Brüste schaukelten unbeschreiblich anmutig auf und ab. Die Enthemmung meiner Freundin war zu einem kinetischen Phänomen geworden. Ihre Bewegungen hatten einen Erscheinungswert, der mich reglos machte, als trüge ich Glasaugen im Kopf. Zweite Gedanken kamen in situ nicht auf. An Beteiligung war nicht zu denken, an Protest ebenso wenig. Unter diesen Umständen durfte ich auch auf Peer nicht böse sein, da er die zureichende Mitursache des verklärten Schaukelns war.

Das also wäre es, was ich als Fußnote zu Deinen Eröffnungen beisteuern könnte. Aber mir ist bewußt, daß das alles nicht mehr als eine matte Erwiderung bedeutet. Doch eben regt sich in mir eine Erinnerung, die ich Dir als Gegengabe offerieren könnte. Mir kommt eine entsetzlich peinliche Episode in den Sinn, die in puncto Subjektivität erst recht keine Wünsche offenließe. Daß ich durch sie schließlich doch einiges hinzugelernt habe, kann ich nicht leugnen, zumal was männliche Übereilung und weiblichen Aufstieg zum Erfolg betrifft, falls ich es im Stil der Neuen Sachlichkeit verschlüsseln darf.

Peer, der zeitweilig in Indisch-Hellrot herumlief, hatte mich Anfang der achtziger Jahre überredet, an einem Tantra-Seminar in Kiel bei einer Schülerin von Bhagwan Shree Rajneesh mitzumachen, einem mystischen Luder, wie ich nie wieder eines getroffen habe, einer Moldawierin, wenn ich mich richtig erinnere.

Man kann nicht behaupten, es sei dabei sehr norddeutsch zugegangen. Das würde jetzt zu weit führen.

Beste Grüße aus dem nächtlichen Köln.

Kurt

PS

Im letzten Sommer sollte ich für den Westdeutschen Rundfunk ein Feature über Erich Kästner fertigstellen. Anfangs betrachtete ich das als eine lästige Auftragsarbeit, die ich hinter mich bringen wollte, weil es kurz vor den Juliferien war. Nach einigem Herumblättern hatte ich mich in seinen Schriften festgelesen. Ich transportierte mehrere Bände der Werkausgabe in die Toskana, wo wir mit zwei befreundeten Paaren via Internet eine Villa gemietet hatten. Da lag ich am Pool, sprachlos vor Respekt, bis mich der Sonnenbrand ins Haus verbannte.

Herz auf Taille, Lärm im Spiegel, Gesang zwischen den Stühlen. Ich war erhoben und niedergeschmettert, als ich begriff, daß die deutsche Sprache dergleichen hatte mit sich machen lassen. Goethe hatte bemerkt, in der Beschränkung zeige sich der Meister, Kästner setzte leise hinzu: im kurzen Satz. Auch ohne biographische

Informationen verstand ich, der Autor mußte ein Muttersohn reinsten Wassers gewesen sein. Er verehrte die Frauen zu sehr, als daß er es gewagt hätte, sie durch Heiratsanträge zu beleidigen. Er wich der Beobachtung aus, wie sehr manche Damen sich nach dieser Beleidigung sehnen.

Eigentlich müßten wir Kästner auffordern, als externes Mitglied bei uns mitzumachen. Warum sollten wir keine posthumen Beiträger aufnehmen? Nicht wenige Zugänge zu unserem Thema waren bei ihm schon vollkommen entwickelt.

Er hatte Fragen an die Frauen, die wir ganz ähnlich von neuem stellen. In *Fabian*, seinem Roman, den man noch in hundert Jahren als den letzten Seufzer der Weimarer Republik lesen wird, tritt eine trinkfeste Dame namens Irene Moll auf, die ganz die Neue Frau der Roaring Twenties verkörpert, eine beckenlockere Berlinerin, die mit ihrem Ehemann die Abmachung getroffen hatte, ihm ihre häufig wechselnden Liebhaber vorzustellen. Später eröffnete sie ein Männerbordell, um einer erwachenden Nachfrage entgegenzukommen. Ihre Devise hatte sie von einer Schlagerzeile abgelesen: »Die Liebe ist ein Zeitvertreib, man nimmt dazu den Unterleib.« Man wußte es also schon damals. Oder man verfehlte das Wesentliche zu jener Zeit wie heute.

Desiree zur Lippe <desili@gmx.at>
15. März 2015 04:40
An: Kurt Silbe <kusil@t-online.de>

Lieber Kurt,
    schlaflos im Zweiten Bezirk. Lieber Teamkollege, ich
freue mich, Dich kennenzulernen. Seltsame Vertrautheit.
    Desiree

Beatrice von Freygel <beabonadea@orange.fr>
15. März 2015 08:32
An: Desiree zur Lippe <desili@gmx.at>
Cc: Peer Sloterdijk <Sloty@durlacherfreiheit.de>;
     Kurt Silbe <kusil@t-online.de>;
     Guido Mösenlechzner <moeslech@alice.it>

Liebe Desiree,
    wahrscheinlich schläfst Du noch nach der mail-inten-
siven Nacht. Ich hoffe es jedenfalls. Hier im Süden ist
ein dunkler Märzmorgen aufgezogen, mit Nebeln, die
bis in die Täler hängen. Es kommt einem vor, als kraul-
ten dich die Wolken am Kopf. Solange es nicht regnet,
steige ich aufs Trampolin und absolviere die zwanzig
Minuten, die zu meinem Morgenritual gehören. Nur so
kann ein guter Tag Fahrt aufnehmen, mit Milchkaffee
und dem Gefühl, fliegen zu können.
    Vor Jahren hat mir in New York einmal ein verrück-
ter Typ, so einer von den Bärtig-Wichtigen, die stän-

dig auf der Suche sind nach ergebenen Zuhörern, erzählt, Männer seien die Nachkommen von Schlangen, die sich aus Überdruß am Kriechen aufrichten wollten, während Frauen die Nachkommen von Vögeln wären, die so tun, als seien sie auf der Erdoberfläche zu Hause. Alle Beziehungsschwierigkeiten kämen von daher.

Blödmann, dachte ich bei mir. Diese kalifornischen Typen erzählen dir, was ihnen in den Kram paßt, auch über die Evolution. Das ist aber der große Vorteil der Einwanderungsgesellschaft. Man läßt nicht nur das Herkunftsland hinter sich, sondern die Vergangenheit überhaupt, den Homo erectus und die altafrikanische Sippschaft inbegriffen, auf die sowieso kein Mensch stolz sein könnte. Sie reden gemäß der Devise, wer mein Vorfahre war, entscheide ich.

Nach meiner Rückkehr in die Provence kamen mir gelegentlich die Sprüche des Irren in den Sinn, vor allem am Morgen, während die Milchschaummaschine summte. Mein Mann saß damals oft schon leise mürrisch auf der Terrasse und wartete verhalten ungeduldig darauf, daß ich ihn mit dem für den Ehemorgen Nötigen versorge.

Dann dachte ich hin und wieder: typisch überforderte Schlange. Schlangen, die sitzen und warten, sind ein Kapitel für sich. Meine Vogelseele hat damit kein Problem. Genauer gesagt, ich lasse daraus keines entstehen. Ich ziehe meine Runden übers Grundstück, ein wenig höher als die alten Zypressen am Portal, es folgt der Abstecher über die Weinberge hinter dem kleinen Friedhof, dann weiß ich wieder, es genügt, innen außer Rand und Band zu sein. Ich setze zur Landung an auf dem Kies im Hof und serviere dem grummeligen Herrn den Morgentee, den unvermeidlichen.

Um zur Hauptsache zu kommen. Desiree, Du sprichst von einem Gegenstand, den Du das Ding an sich nennst. Ich wüßte gern, ob wir uns richtig verstehen. Glaubst Du, ich habe so ein Ding ebenfalls? Ich möchte meinen ja, wenn ich es auch nicht unter diesem Namen kenne. Doch was heißt eigentlich »an sich«? Ich hatte einen Onkel, der in jedem zweiten Satz »an und für sich« sagte. Ich hielt das immer für eine sinnlose Floskel. »An sich« ohne »für sich« kenne ich noch gar nicht.

Das Verhältnis von Männern zu Frauen, sag, Desiree, glaubst Du, es ist möglicherweise wirklich eine Affaire zwischen Schlangen, die so tun, als könnten sie sich aufrichten, und Vögeln, die vorgeben, sie seien dafür gemacht, am Boden zu spazieren? Dann wären wir effektiv Hühner, wie man landläufig sagt, und unsere besseren Hälften wären senkrechte Reptilien?

Wenn wir uns persönlich besser kennen würden, dürfte ich Dich fragen, wie das mit dem Glimmen zu verstehen ist. Glimmen, das Wort ist mir sofort sympathisch. Du sagst mir bald einmal mehr dazu, versprochen?

Auf bald!

Beatrice

PS

Man kann nicht behaupten, Du hättest Dich gegenüber Kurt vornehm zurückgehalten. Von diesem Gurdjeff hatte ich nie zuvor etwas gehört. Klingt abseitig interessant. Ich werde mal unter Fontainebleau googeln, da müssen ja bizarre Dinge abgegangen sein.

Euer Ehrlichkeitsvertrag, ich gebe es zu, kommt mir sehr seltsam vor. Ihr erzählt Euch gegenseitig Geschichten, bei denen man schon als zufällige Zeugin glühende Ohren bekommt. Die Sache mit Aude kann ich mir leider gut vorstellen. Gott sei Dank ist es recht lange her, sonst würde ich Peer an die Gurgel gehen. Die Geschichte mit den wütenden Frauenhälften leuchtet mir ein.

Was mir nicht klar ist, betrifft die Frage, ob Ihr erwartet, daß ich mit ähnlichen Vorfällen herausrücke. Was kann eine gleichmäßig getaktete Hausfrau schon zu erzählen haben? Die Sache mit dem Hamburger Gynäkologen vor Olims Zeiten war gewiß anregend, aber sie blieb durchwegs im Normalbereich. Begonnen hatte sie in New York. Da wäre nicht viel zu berichten. Übertreibungen liegen mir nicht. Rein und raus, diesseits und jenseits des Atlantiks. Er konnte mehrmals nacheinander, aber mehr als bis drei wollte ich damals nicht zählen, bei Männern nicht und bei mir selbst schon gar nicht. Die Beziehung hielt nicht lange, was aber mit dem Zählen nichts zu tun hatte. Sollte ich am Ende berichten, was ich vor meiner Ehe mit Perrier-Flaschen erlebt habe? Oder mit glatten länglichen Objekten, die ich zwischen Matratzen klemmte?

Was ich überhaupt nicht verstehe, das ist, wenn Du sagst, Du hältst Dich für zu dumm für den Höhepunkt. Was erwartest Du? Wenn es Dir kommt, soll dann auf einem Teleprompter die Bergpredigt ablaufen? Oder die Allgemeine Erklärung der Menschenrechte?

Ein Musikstück, ja, das könnte ich verstehen. Das *Ave Verum* von Mozart, gesungen von den Knaben am King's College in Cambridge, da läuft es mir kalt über den Rücken. Bei einem solchen Chor fallen auch die gotischen Säulen in Trance. Wozu bräuchte man dann noch einen Mann?

Wie kommst Du überhaupt darauf, daß da noch mehr sein müßte? Ihr spinnt doch alle, Ihr Intellektuellen.

Peer Sloterdijk <sloty@durlacherfreiheit.de>
15. März 2015 9:43
An: Kurt Silbe <kusil@t-online.de>
Cc: Beatrice von Freygel <beabonadea@orange.fr>;
Desiree zur Lippe <desili@gmx.at>;
Guido Mösenlechzner <moeslech@alice.it>

Lieber Kurt,
    hab Dank für die Zusendung Deiner Mail-Adresse. Du siehst, die Wirkung läßt nicht auf sich warten.

Deine nächtlichen Konversationen mit Beatrice und Desiree habe ich heute früh rekapituliert. Chapeau nach beiden Seiten. Eine schwache Anmerkung zu Eurer hochelektrischen Korrespondenz: Ein Wort wie Subjektivitätspakt wäre bis vor kurzem Nonsense gewesen. Relevante Kommunikationen, soweit sie Gattungsmitglieder betrafen, liefen früher ohnehin nur zwischen humanoiden Individuen ab, den später so genannten Subjekten, sofern man die Überwelt beiseite läßt. Seit wir Computer haben, müssen wir menschengemachte

Infos von Maschinenpost unterscheiden. Post von oben schließen wir inzwischen ohnehin aus.

Das Subjekt stellen wir uns notwendigerweise als Sitz einer Intentionalität vor, ob man dem Ich ein Unbewußtes unterschiebt oder nicht. Man kennt die Wendung »Tücke des Objekts«, die besagen will, daß Sachen, von denen man meint, sie zu überblicken, sich anders verhalten als erwartet. Wirklich tückisch ist nur das Subjekt. Abwechselnd will es dies und jenes, und vielfach betrügt es sich über die Richtung seiner Absichten.

Sag mal, Kurt, bist Du sicher, daß Du die Episode mit Deiner Freundin Aude nicht geträumt hast? Oder hast Du sie in einem zweitklassigen Buch gelesen? Der Vorgang muß weit über dreißig Jahre zurückliegen, in einer solchen Zeitspanne bleiben die meisten im Neuro-Archiv gespeicherten Bilder auf der Strecke. Oder man bearbeitet sie im Copy-Shop, bis sich etwas ganz anderes zeigt. Was Du von Audes Schaukelbrüsten sagst, wirkt auf mich irritierend. Ich müßte sie, wenn Du recht hast, aus einer anderen Perspektive gesehen haben. Üblicherweise merke ich mir solche Dinge. Ich vögle meist mit offenen Augen, anders als die Mehrzahl der Frauen, die ich kannte. Sie hatten die Gewohnheit, nur kurz hinzuschauen, vielleicht um sich zu vergewissern, wer an der Reihe war, und sich dann hinter ihre Augenlider zurückzuziehen, ausgenommen Pornodarstellerinnen, die das Objektiv anflirten. In meinem Speicher finde ich hierzu nichts.

Beim Suchbegriff Aude kommt keine Information. Das wundert mich einerseits nicht, weil wir damals auf Namen nicht immer achtgegeben haben. Bei dem Bildschema Titten, die wippen, kommt jedoch auch nicht das Geringste. Da werde ich als Brüste-Sensibler argwöhnisch. Wenn Du von einem realen Vorgang berichtest, bin ich mit einem Fall von Datenvernichtung konfrontiert, der mich beinahe aus der Fassung bringt.

Ich bin bereit zuzugeben, daß Leben ein amateurischer Begriff für Vorratsdatenspeicherung ist. Solang man nicht in Betäubung existiert, merkt man sich, soviel man kann. Das Gehirn ist ein Schwamm, der den Kosmos ansaugt. Du kennst Bergson? Materie hat kein Gedächtnis, sie ist Gedächtnis. Normalerweise behält die nervöse Materie, was sie wiederverwenden will. Ich wiederhole, also bin ich. Wenn ich bin, wie ich bin, so weil ich war, was ich war, was ich war usw. Gelegentlich liefert das Leben Engramme, die man nicht bestellt hat, besser bekannt als Erlebnisse, in schlimmeren Fällen als Traumata. Nach Erlebnissen macht man eine Adresse auf, nach Trauma neigt man dazu, Dateien zu schließen.

Deiner Darstellung zufolge hätte Aude mich also elegant auf den Rücken gelegt. Folglich müßte in der Rubrik Erlebnisse etwas auftauchen. Wie seltsam, daß ich rein gar nichts davon aufbewahrt habe. Damit stellt sich für mich nicht nur ein Gedächtnisproblem, ich komme sogar mit der Grammatik in Konflikt. Futur exakt mit Konditionalis verbunden, dergleichen Konstruktionen gebraucht man nicht alle Tage. Ich hätte von der Freundin eines Freundes gefickt worden sein können? Mit dem Satz stimmt etwas nicht.

Als Teil meiner Existenz hätte ich es jedenfalls nur erlebt, wenn ich fähig wäre, es im festgehaltenen Bild wieder zu erleben. Aber da das Engramm nicht aufruf-

bar ist, wird aus dem Fick in der Vergangenheit nichts.
Im Nie und Nimmer schwimmen mir die Felle davon.

Da tut man oft gern so, als wäre man auf der Suche
nach der verlorenen Zeit, um schließlich festzustellen,
da war doch weniger, als man sich einbildet, erlebt zu
haben, und zugleich mehr. Merkwürdigerweise erinnern sich andere Leute, die du kanntest, detailgenau
an Sachen, von denen du in dir nicht mehr die Spur
einer Ahnung entdeckst. In letzter Zeit geht mir das
immer öfter so. Alte Bekannte sagen: Weißt Du noch?
und ich starre auf eine leere Leinwand. Meist nicke ich
und sage, ja, wie die Zeit vergeht! Höflich bin ich noch
immer, auch wenn fast nichts mehr übrigblieb von der
Undurchdringlichkeit des gefallenen Engels, der aus
Hochmut alles läßt, wie es ist.

Armer Proust, er war also auch nur der Idiot seines
Gedächtnisses. Vielleicht wird man eines Tages die *Re-
cherche* von A bis Z umschreiben müssen. Die berichtigte
Fassung geriete sicher so zäh, daß kein Mensch sie noch
in die Hand nähme. Schon jetzt ist der Roman schwer
parfümiert wie das Entree eines Nobelbordells im
Zweiten Kaiserreich. Auf jeder Seite prahlt der Erzäh-
ler mit Nuancen, für die wir uns unmöglich noch interessieren können. Zöge die Masochisten-Karawane an
den Romanistischen Instituten nicht mit ihren ehrwür-
dig-überlebten Fundsachen von Jahrgang zu Jahrgang
weiter, würde kein Mensch mehr freiwillig Proust lesen.

Machs gut, mein Lieber. Wir sehen uns beim Brain-
storming in Karlsruhe. Desiree ist sichtbar neugierig
auf Dich. Daß Beatrice es ebenso ist, weiß ich aus zart-
erster Hand.

Ich kann nicht wissen, wie es Dir mit Trivialweisheiten ergeht. Man sagt, die Hoffnung stirbt zuletzt. Ich meine eher, die Eifersucht. Oder die Spielfreude?
P.

Guido Mösenlechzner <moeslech@alice.it>
15. März, 10:12
An: Peer Sloterdijk <sloty@durlacherfreiheit.de>;
Kurt Silbe <kusil@t-online.de>;
Desiree zur Lippe <desili@gmx.at>;
Beatrice von Freygel <beabonadea@orange.fr>

Liebe Kollegen,

wenn ich Sie nicht einzeln und mit Vornamen anspreche, so weil ich mir die Informalität der laufenden Korrespondenz nur teilweise zu eigen machen kann. Da ich ein wenig zu jung bin für die Verbrüderungen der Jahre um 1968 (ich bin Jahrgang 59), fällt mir das Du-Sagen nicht so leicht wie manchen älteren Kollegen. Ich bitte um Nachsicht, das heißt um Verständnis aus der Geschichte. Die ist bekanntlich nicht für alle die gleiche.

Den heute und gestern erfolgten Eingang von zahlreichen elektronischen Mail-Sachen bestätige ich hiermit förmlich. Das »Schelling-Projekt«, das wir seit gut einem Jahr unter uns diskutieren, läßt, so ich die Zusendungen richtig deute, eine mehr oder weniger offenkundige Beziehung zu diesen erkennen. Zähle ich korrekt, liegen acht briefliche Äußerungen von unterschiedlicher Länge vor, jeweils zwei Statements pro Absenderin oder Absender, darunter ein langer gescannter Brief (Sloterdijk an Silbe).

Nicht bei allen Dokumenten ist für mich der konstruktive Bezug zur Fragestellung des eingereichten Forschungsvorhabens erkennbar, namentlich dann nicht, wenn die Verfasserinnen und Verfasser zu Reizworten wie »Subjektivitätspakt« beziehungsweise »Ehrlichkeitsvertrag« Stellung nehmen. Reizwort jetzt ganz neutral verstanden.

Tatsächlich sind diese Ausdrücke mehrdeutig, wie die divergierenden Reaktionen sichtbar machen. Da ich die Tragweite der Konzepte nicht abschätzen kann, sehe ich für meine Person von ihrem Gebrauch bis auf weiteres ab. Womit selbstverständlich nichts gegen humane Umgangswerte wie Ehrlichkeit und Spontaneität gesagt ist. Ich halte es mit Descartes und der provisorischen Moral. Überhöhungen erweisen sich in der Regel als unhaltbar. Anstand und feste Schuhe heißt es bei uns in den Dolomiten.

Natürlich mache ich mir über den Zustand unseres Vorhabens erhebliche Sorgen. Die im Team aufflammende Debatte beweist, wie weit wir davon entfernt sind, auf krisenfesten Grundlagen zu stehen. Bei dem Karlsruher Meeting werden wir alle Einwände gründlich durchgehen müssen, um uns über Hohlräume und Schwachstellen Rechenschaft abzulegen. Wenn Sloterdijk auf Defizite bei der paläo-ontologischen Absicherung des Projekts hinweist, unterstütze ich das aus voller Überzeugung. Die Krux liegt bei der Paläo-Gynäkologie, darüber dürfen wir uns keinen Täuschungen hingeben. Da das Material hierzu von Natur aus ephemer ist, operieren wir an der kritischen Stelle im luftleeren Raum. Die Bonner Prüfer werden uns das vorhalten, und wir sollten wissen, wie die Antwort lautet. Wir müssen uns darüber im klaren sein, wo die Grenze zwischen Forschung und freiem Fall verläuft.

Im übrigen habe ich mit der Forschungsgemeinschaft auch gute Erfahrungen gesammelt. Zum Beispiel bei der Baubo-Tagung in Meran vor vier Jahren: Die wurde vorbildlich unterstützt, nicht zuletzt wegen der massiven Präsenz der deutschen Seite, auch der Druckkostenzuschuß für die Konferenz-Akten kam zügig an. Bloß in Sachen Reisekostenabrechnungen ging es schleppend, was vor allem für die französischen Kollegen, zumeist aus der Devereux-Schule hervorgegangen, und die Südkoreaner ärgerlich war.

Als einem Ethnologen und Volkskundler fällt mir an der freimütigen Korrespondenz zwischen Kurt S., Peer Sl., Desiree z. L., und Beatrice v. F. naturgemäß einiges auf. In meiner Disziplin denkt man in Formen oder Strukturen. Offenbar machen sich in unseren Konversationen sehr alte Muster bemerkbar, die bei den Angehörigen der Sapiens-Linien nach dem Exodus aus Afrika trotz weiter regionaler Streuung konstant geblieben sein könnten. Möglicherweise kommen hier kognitive und rituelle Module ins Spiel, die durch geeignete Auslöser auch bei Angehörigen zeitgenössischer Zivilisationen anspringen.

Ich verweise auf ein bei amerikanischen Prärie-Indianern überliefertes äußerst beeindruckendes Ehrlichkeitsritual, das, wenn auch nur von ferne, an die plötzlichen Eröffnungen unserer Gruppenmitglieder erinnert. Darf ich es in der gebotenen Kürze andeuten?

Bevor Männer im Kampfalter auf den Kriegspfad ziehen (es handelt sich dort um typische Kriegerkulturen mit entsprechenden Männlichkeitsdressuren), setzen sie sich im Kreis um ein Feuer, in dem Blätter und Zweige von speziellen Bäumen verbrannt werden, um bündnisbereite Zorngeister anzulocken. Darauf beginnen die Versammelten reihum von ihren sexuellen Erlebnissen zu berichten, beginnend mit dem Zeitpunkt, seit das Kriegsbeil letztmals vergraben wurde. Da der vorangegangene Feldzug gegebenenfalls einige Jahre zurückliegt, spricht viel dafür, daß eine Vielzahl diesbezüglicher Episoden vorgebracht werden wird. Man sitzt oft viele Stunden beisammen, gelegentlich eine ganze Nacht.

Amerikanische Indianer haben wie ihre Namensverwandten in Indien eine Erdbodensitzkultur, die uns Stuhlabhängigen aus dem Westen fremd geworden ist. In China und Japan hat dieses stuhlfreie Sitzen ein Universum an mentalen Zuständen begünstigt, die wir mit dem ungeschickten Ausdruck »Meditation« umschreiben. Mir scheint evident, daß auch die amerikanischen Indianer meditierten, obschon auf eine Weise, die weder der Buddha noch Ignatius von Loyola anerkannt hätte.

Zur Spielregel beim Sitzen um das Feuer gehört, daß jeder vor den übrigen Anwesenden so vorbehaltlos wie möglich alles ausspricht, was er in letzter Zeit auf erotischem Feld erlebte, namentlich im Hinblick auf Zwischenfälle mit den Frauen der anderen Krieger. Ebenso wichtig ist die Vorschrift, wonach keiner eine Reaktion auf eine der Geschichten zeigen darf. Man weiß, daß Indianer Reglosigkeit hochschätzen. Man könnte sie für die Stoiker des fernen Westens halten. Sie dominierten ihr Land, bevor die Hysteriker, die von den Schiffen aus dem Osten kamen, das Ruhighalten in Verruf brachten. Übrigens hat die Haltlosigkeit der Einwanderer bei der populären Musik der Neu-Amerikaner eine stürmische Entwicklung mit weltweiten Folgen ausgelöst. Der Trend zielte auf eine vitalistische Null-Musik, die aufgrund ihrer stampfenden Leere in aller Welt verstanden werden würde. Andererseits, um ehrlich zu sein, würde kein Mensch die Musik der amerikanischen Indianer hören wollen, da deren Dürftigkeit ihresgleichen sucht. Aber das ist ein anderes Thema.

Das Bemerkenswerte an dem Ritual ist nun die Beobachtung, wonach fast alle am Feuer versammelten Männer mit den Frauen der Gefährten »etwas gehabt« hatten, um es im Jargon der Jüngeren auszudrücken. Dies verwundert nicht, zieht man in Betracht, daß in kleineren Stämmen die Auswahl der Sexualpartner begrenzt ist. Nachdem alle Sprecher ausgeredet haben, inhalieren die Krieger den Rauch einer tabakartigen Pflanze. Darauf geloben sie sich mit feierlichem Ernst, von jetzt an herrsche zwischen ihnen unanfechtbare Harmonie. Der Große Geist wacht über die Unzerstörbarkeit des Bundes. Eventuelle Regungen von Eifersucht werden mit den Blättern und Zweigen auf dem Einigungsfeuer verbrannt. Die Stimmung wandelt sich von gereizter Besinnung zu robust-erhabener Entschlossenheit. Jeder Krieger sucht den Kontakt zum Kampfgeist, der die Gruppe bis zum Ende der kriegerischen Handlungen animieren soll. Sobald der glücksversprechende graue Rauch aufsteigt, betrachten sich alle als Brüder von Brüdern, die füreinander einstehen, entschlossen, Seite an Seite zu kämpfen, notfalls bis zum Tode.

Aufgrund der hierbei praktizierten kathartischen Methode bleibt die Hierarchie der Affekte klar geordnet. Auf dem Kriegspfad zählen allein Mut und Kooperation, indessen eifersüchtige Regungen aus sexuellen Motiven störend, ja verächtlich wären. Das Merkwürdige an dem Ritual ist aus unserer westlich geprägten Sicht, wie deutlich die Erotica abgewertet werden: In der Männerrunde werden die libidinösen Okkasionen, die banalen Seitengriffe und die gelegentlichen Besamungen an nicht vorgesehener Stelle vor dem Aufbruch in den Feldzug offen ausgesprochen. Danach sollen solche Zwischenfälle für immer gelöscht sein. Soweit die Berichte unserer Informanten zuverlässig sind, kommt nie ein Teilnehmer an einem solchen Konfessionsritual auf Gehörtes zurück. Wer sich betroffen zeigte, weil seine Frau irgendwann von einem anderen bestiegen wurde, würde das Gesicht verlieren.

Der von Kurt Silbe postulierte Ehrlichkeitsvertrag weist aber nicht nur Analogien zum Kriegs-Eintritts-Ritual gewisser Prärie-Indianer auf, er erinnert mehr noch an die melanesischen Geschenkefeste und an den Potlach der nordwest-indianischen Stämme Amerikas, bei denen sich die Teilnehmer mit Freigebigkeitsbeweisen gegenseitig bis zum Äußersten herausfordern. Die Verausgabungen (dépenses) reichen bekanntlich zuweilen bis zu dem festlichen Ruin, der unter den Teilnehmern

Ehrfurcht weckt und dem Gewinner hohes Prestige einbringt. Bei den ersten Begegnungen mit solchen Zeremonien hegten Beobachter aus westlichen Kulturen einen heftigen Widerwillen gegen die scheinbar sinnlosen Verschwendungen. Erst Autoren französischer Schule in der Nachfolge von Mauss (der maßvoll zu urteilen verstand) haben den Potlach pseudosozialistisch überinterpretiert und ihm eine Verklärung angedeihen lassen.

Aus historischer Sicht werden Potlatch-Phänomene stark überschätzt, da sie sehr viel seltener vorkommen, als man angesichts ihrer prominenten Rolle in der soziologischen Literatur vermuten möchte. Die Gaben-Ökonomie im allgemeinen wird allerdings weiter für die Sozialwissenschaften ein stimulierendes Thema bleiben. Die Verwirrung, die Bataille mit seinen wild-verklemmten Phantasien über Exzeß und Verausgabung angerichtet hat, ist vorerst nicht wieder rückgängig zu machen.

In unserem Fall trägt meines Erachtens für die Eskalation in unserer Gruppe Sloterdijk die Verantwortung, weil er in seinem Anstoßbrief mit vorgetäuschter Gesprächigkeit und bedenklicher Ausführlichkeit von seinen Reaktionen auf die skeptische Antwort der Forschungsbehörde in Bonn berichtete. Vermutlich hat der despektierliche Tenor seiner Bemerkungen bei den Rezipienten deregulierend gewirkt. Ist auch Humor im Spiel, hat er doch Züge von Vernichtung. Silbes Idee, wonach wir bei einem Projekt wie dem unseren untereinander besondere Offenheitsstandards wahren müßten, zeigt bereits den Reflex auf solche Einflüsterungen. Die erwiesen sich umso wirksamer, als sie im Modus des Privatissimum vorgebracht wurden.

Kulturethnologisch gesehen, ist Silbes Replik eine typische Gegengabe nach der Erstverausgabung eines Gastgebers. Ob es gewebte Matten sind, wie in Melanesien, oder farbige Autobiographica, wie bei uns West- und Mitteleuropäern, ist unter formalen Aspekten wenig von Belang. Rituale sind wie algebraische Formeln, in die man fast beliebige Zahlenwerte bzw. Contents einsetzen kann.

Wie sehr in unserem Team ein mehrpoliger Erzähl-Potlach in Gang gekommen ist, belegt die weitausholende Intervention von Desiree zur Lippe. Ich möchte hier mit Nachdruck betonen, daß sie mir als Künstlerin imponiert, während sie mir als Denkerin rätselhaft bleibt.

Frau zur Lippe demonstriert: Für sie ist der Gaben-Kampf nicht nur ein Vorgang zwischen männlichen Häuptlingen. Ihr Einsatz beschleunigt den Verlauf, indem sie von Erwägungen zu Enthüllungen übergeht. Damit bringt sie ihre Konkurrenten binnen kurzem so stark ins Hintertreffen, daß deren spätere Wahrheitsspenden Mühe haben, sich der Erhebung ihrer Mitspielerin zur Prestige-Fürstin in den Weg zu stellen. Nach ihrer exzessiven Selbsteröffnung ist Frau zur Lippe in ihrer Position als Festkönigin kaum zu gefährden. Die etwas ratlosen Repliken von Silbe und Sloterdijk zeigen, daß sie den Sieg der Rivalin im Freigebigkeitswettbewerb nicht anzufechten fähig oder willens sind, obschon sie sich bemühen, die Revanche nicht schuldig zu bleiben. Das war übrigens bei den alten Völkern nicht anders. Man respektierte auch in jener Zeit die nobel ruinösen Wirkungen der gegnerischen Verschwendung. Umgekehrt mußte die siegreiche Seite die Gegengaben der anderen Seite mit allen Zeichen der Anerkennung hinnehmen, um den Wert der eigenen Einsätze hochzuhalten. Selbst in der Niederlage blieb das Motiv der Ehre leitend.

Die Zur-Lippe-Strategie kann man mit Grund provozierend nennen. Man unterschätzt leicht die Rolle der Provokation in der Evolution von Kulturen. Wie der Krieg wirkt Provokation als Evolutionsbeschleuniger. Im wirtschaftlichen Kontext würde man sie als Risiko-Investitionen charakterisieren, mit denen ein Herausforderer auf Gewinn spielt. Vergleichbares beobachtet man im zeitgenössischen Kunstbetrieb, wo Exzeß und Investition einander bis zur Ununterscheidbarkeit nahekommen.

Der Grund für diese Annäherung liegt auf der Hand: Menschen sind generell bereit, sich vor Bewundernswertem zu verbeugen. Sie bewundern, was sich ihrem Verständnis nicht ohne weiteres fügt. Vielleicht ist Religion eine Form der Unterwerfung, die sich am Nichtverstehen entzündet. Ich verstehe nicht, also ist Höheres im Raum. Bewunderung, die kleine Schwester des Glaubens an das Göttliche, besitzt in der Regel die Form des Aufblicks zum Unbegreiflichen. Man macht sich nicht hinreichend klar, wie schnell Menschen bereit sind, das Wirken höherer Mächte anzunehmen, sobald sie etwas nicht durchdringen! Sie tun das vor allem dann, wenn sie glauben, das Unbegreifliche sei uralt und habe lange existiert, bevor sie selbst zur Welt kamen.

Daß hier viel Vulgärunbegreiflichkeit mitge-
schwemmt wird, ist so natürlich wie verderblich. Eine
gewöhnliche Dummheit, eine triviale Unanständigkeit
durchschaut jeder auf der Stelle. Man fällt sein Urteil
dementsprechend. Doch wenn sich die Dummheit, die
Sauerei im Rahmen eines Systems der Bedeutsamkeit
als Beitrag zur Fortsetzung der Kultur präsentieren,
liegt Resignation in der Luft.

Die Verwirrung überlagert die Verwunderung. Dieser Effekt bestimmt die jüngere kulturelle Evolution.
Vorzeiten hatte man an das Wunder der Kunst ge-
glaubt. Später, als die Kunst modern geworden war und
ihre Inhalte abgestreift hatte, blieb nur ein Rest von va-
gem Staunen zurück. Jetzt hat man oft die Mysterien
des ausgestellten Unvermögens vor sich. Man denke
an die kunstfreien Pinseleien von Marc Rothko, die auf
das Erhabene spekulierten. Schnellfertig ist man bereit,
die Inhaltsleere als Garantin des Mysteriums gelten zu
lassen. Solange sich Leute finden, die bereit sind, die
Nicht-Kunst in der Kunst zu bewundern, ist für den
Fortgang des Spiels gesorgt.

Aber zurück zu unserem Thema: Unter Völkerkundlern und Ethnopsychoanalytikern kennen wir seit längerem das Vulva-Argument beziehungsweise die Baubo-
Demonstration. Diese Geste, mit welcher vieltausend
Jahre konventioneller Scham-Verhüllung weiblicher-
seits jäh beiseite gesetzt werden, hat Frau zur Lippe in
den aktuellen Erzähl-Potlach eingebracht, indem sie
den Mitbewerbern verbal ihre Scham zeigte. Anders
vermag ich ihren Hinweis auf »das Ding an sich« und
ihre selbsterregende Tätigkeit an ihm nicht zu lesen.

Daß dies eine Form der Selbstvernichtung aus Groß-zügigkeit impliziert, bedarf keiner Begründung. Was die Verfasserin über »das Ding an sich« an ihrem Leibe vor-bringt, ist eine exzessive Gabe, der die übrigen Teilneh-mer am Geschenkwettbewerb kaum etwas Gleichwerti-ges werden entgegensetzen können. Indem die Autorin auf eine Kluft zwischen Erleben und Verstehen hin-weist, legt sie ihr Genital nicht nur auf verbaler Ebene offen, sondern entblößt dessen Spiegelung im mentalen Bereich. Ich sehe nicht, wie man eine solche Veraus-gabung erwidert, außer mit einer Verbeugung vor der Siegerin im Verschwendungskampf. Traditionell stellt die Offenlegung des Bestverborgenen von weiblicher Seite die Gebärde der ultima ratio dar. Wer so weit geht, spielt um alles oder nichts.

Wie ich in meinen Zusätzen zum Antrags-Konzept ausgeführt habe, ist es mir darum zu tun, die zeitge-nössische Pornographie im Licht der ethnologischen Analyse von Grund auf neu zu erklären. Ihre kulturdy-namische Funktion bleibt unverstanden, wenn man sie auf prima-vista-Aspekte wie Ausbeutung des Frauen-leibs durchs männliche Auge verkürzt, und was derglei-chen Standardformeln sind. Wenn ich dem Anschein nach die Pornographie verteidige, so deswegen, weil ich mich durch Jahrzehnte der Feldforschung davon überzeugt habe, soziale Aufklärung und Aufklärung tout court seien ohne eine Überbelichtung der Geni-talien nicht zu haben. Den weiblichen Organen und ihrer aufreizenden Halbsichtbarkeit kommt dabei eine besondere Rolle zu. Naturgemäß ist hier Mißbrauch am Werk, das wird niemand abstreiten. Aber Aufklärung ist ein Pakt mit der Sichtbarkeit. Zum Ans-Licht-Kommen und Ans-Licht-Bringen sind wir durch den zivilisatorischen Imperativ aufgerufen. Den haben wir Europäer in einem Lernvorgang von mehreren Jahrhunderten aus den Wechselfällen des Kulturen-, Nationen- und Klassenstreits herausgefiltert. Will man das leugnen, zerfällt das Universum wieder in eine Liste von Hexenküchen und bösartigen Verborgenheiten. Das Bekenntnis zur Sichtbarkeit hält die Welt zusammen.

Kurzum, mir will es vorkommen, als seien wir global, also keineswegs nur im okzidentalen Bereich, in eine Epoche eingetreten, in welcher Frauen verschiedenster Kulturen von ihrer Zeige-Macht ausgedehnten Gebrauch machen müssen. In diesem Zusammenhang lassen sich scheinbare oder wirkliche Dummheiten wie Femen und dergleichen einordnen. Im Femen-Phänomen kommt natürlich auch die regressive Gruppendynamik von Pubertierenden und die Wohlstandsverwahrlosung bei weiblichen Mittelschichtjugendlichen des Westens zum Vorschein. Doch würde ich davor warnen, nur eine Verfallserscheinung darin zu sehen. Jede nackte Brust ist eine Konfession, die zählt, auch wenn die Bekennerinnen die Höhe ihres Einsatzes nicht erreichen.

Man muß bedenken: In manchen Weltgegenden will man die Frauen seit einiger Zeit wieder dichter verhüllen als je zuvor. Aus Saudi-Arabien ist zu hören (ich selber war niemals am Ort), man spreche den Frauen das Recht ab, einen Führerschein zu erwerben. Man leugnet ihren Anspruch auf Straßensichtbarkeit. Wenn man Frauen jenes Kulturkreises den Kopftuchzwang auferlegt, beweist das ja, daß eine enge Verwandtschaft von Kopfhaar und Schamhaar unterstellt wird. Für eine nennenswerte Fraktion der arabischen Männer gleicht das Gesicht der Frau einer erweiterten Schamgegend und das Haupthaar einem Genitalwald.

Als Ethnologe muß man sich also fragen, ob dies nicht zu einer Vulvisierung des weiblichen Antlitzes führt. Ich entschuldige mich für den ungeschickten Neologismus. Er besagt, man verhüllt, was man verehrt, und verhüllt am dichtesten, was man begehrt und vermutlich nie besitzen wird.

Es genügt, sich diesen Zusammenhang zu vergegenwärtigen, um zu begreifen, was das Verhüllungsgebot besagt. Die ganzverhüllte arabische Frau wird auf einen Schlitz reduziert. Der Seh-Schlitz macht ihren Weltzugang aus. Das heißt, wann immer eine Burka-Frau einen Mann ansieht, wird die Vulva des Ostens visuell aktiv. In einer ganzen Weltregion hat man dem weiblichen Organ das bi-okulare Sehen beigebracht. Ein Narr, wer die orientalische Erotik unterschätzt.

Selbstverständlich bin ich dagegen, daß man den Frauen im Osten die Kleider vom Leib reißt. Man hat mich als Anwalt der Pornographie mißverstanden. Das ist lächerlich. Ich trete dafür ein, Spielräume offenzuhalten, in denen Frauen von überall aus Freiheit zeigen, wovon die Menschheit träumt, wenn sie sich fragt, woher sie kommt und wohin sie geht.

Mit besten Grüßen
Guido M.

PS

Ist es nötig zu sagen, wieviel Sympathie ich für Frau von Freygels skeptische Anmerkungen empfinde? Vielleicht ist sie die reelle Ethnologin unseres Projekts. Teilnehmen ist sichtlich ihre Stärke. Auf ihre Beobachtungsgabe scheint Verlaß. Was sie über uns notiert, wird eines Tages bei der Bewertung unsers Unternehmens eine entscheidende Rolle spielen. Von Völkerkundlern hat man nichts anderes verlangt.

Wir sind bis jetzt nicht mehr als fünf Leute. Unter heutigen Prämissen ist das numerisch ein Volk im Gründungszustand. Nach neueren Hypothesen war die Wandergruppe, die homo sapiens aus Afrika nach Norden brachte, nicht sehr viel größer. Zwei neue Mitglieder sollen demnächst hinzugewonnen werden.

Was beweist, wir stehen der Wanderungsfrage positiv gegenüber. Ob sich ein Volk von sieben Personen fortpflanzen kann, ist eine offene Frage. Manche Wissenschaftler meinen freilich, Kinder werden stark überschätzt. Gute Ideen, sagen Vertreter des Info-Darwinismus, leben länger als bio-massische Effekte. Da die Damen unseres Vorhabens in der 50-plus-Zone stehen (Frau zur Lippe spricht dies in eigener Sache aus, bei Frau von Freygel erlaube ich mir die Unterstellung), sollten wir von Anfang an über nicht-biologische Methoden unserer Verewigung nachdenken. (Ende des Postskriptums)

Desiree zur Lippe <desili@gmx.at>
15. März 2015 16:01
An: Guido Mösenlechzner <moeslech@alice.it>
Cc: Peer Sloterdijk <sloty@durlacherfreiheit.de>;
     Kurt Silbe <kusil@t-online>;
     Beatrice von Freygel <beabonadea@orange.fr>

Lieber Guido,
  so darf ich Sie doch nennen? Sie tun mir mit Ihrer
geistreichen Lektüre meines Beitrags zum jüngsten
Schelling-Briefwechsel zuviel Ehre an.
  Sie lassen außer Betracht, daß ich mit Sloterdijk seit
Jahrzehnten befreundet bin. Wir konkurrieren seit langem nicht mehr miteinander oder nur spielerisch. Unter
uns gilt das spanische adagio: mi casa es su casa. Was di-
rekt zu dem Nachsatz führt: Deine Freunde sind meine
Freunde. Bin ich mit Peer im Gespräch, bin ich es auch
mit Kurt. Persönlich kenne ich Silbe nicht, zumindest
erinnere ich mich nicht, ihn getroffen zu haben. Ich
rede ihn an wie einen alten Freund, weil er ein Freund
eines alten Freunds ist. Daher die Distanzlosigkeit meines Briefs, die natürlich auch anderen Motiven ent-
sprungen sein könnte. Für Impulsivität entschuldige ich
mich nicht. Ich habe natürlich mit Peer nie darüber gesprochen, daß ich dem erotischen Höhepunkt zuweilen
Nachgedanken hinterherschicke. Wie denn auch nicht?
Ein alter Freund gleicht einem Ehemann, der sich mit
Abkürzungen auskennt.
  Den Titel einer Prestige-Königin würde ich dennoch
provisorisch gerne eine Weile tragen, solange die männlichen Kollegen nichts dagegensetzen. Bei Peer weiß

man nie, was er ausbrütet. In seiner Gegenwart ist mit gesteigerten Verausgabungen zu rechnen, obschon er in letzter Zeit ostentativ als müder Mann auftritt. Manchmal beunruhigt mich das. Ich kannte ihn nur als den Schein-Müden.

Auf einen Gegenschlag von Silbe sollte man gefaßt sein. Machte er nicht eine Andeutung, wonach er noch etwas Ultrasubjektives in petto habe? Wie dem auch sei, Potlach-Fürstin für einen Tag zu sein würde mich bereits königlich erfreuen. Haben Sie nochmals Dank für Ihren erheiternden Deutungsvorschlag. Was die Einlassungen von Beatrice angeht, lese ich sie wie die Worte einer besten Freundin.

Wenn wir uns demnächst in Karlsruhe treffen, müssen wir dringend die Sache mit der Paläo-Gynäkologie angehen, sie ist ohne Zweifel die offene Wunde des Unternehmens. Ich bringe, falls die Zeit ausreicht, eine Skizze mit, die Schellings Konzept der spekulativen Physik auf unseren Gegenstand anwendet. Schelling arbeitete zumeist mit Großbegriffen wie Licht und Schwere, die nicht nahe genug an die Feinstrukturen unserer Gegenstände heranführen. In der freundlichsten Lesart würden wir sagen, der Denker ersuchte um Akteneinsicht bei den Verhandlungen zwischen Gravitation und Antigravitation. Er nahm mit seinem organischen Lebensbegriff das Phänomen der negativen Entropie vorweg. Was besagt, er statuierte, daß das Leben nicht einfachhin weiterlebt, sondern erst wirklich lebt, wenn es mehr und höher lebt, und dies nicht nur in einem quantitativen Sinn. Leben meint Aufleben, so verstehe ich unseren Philosophen. Von sich aus sendet das Leben den Pfeil ins Blaue. Manche Kollegen nennen dies Selbstorganisation, aber das klingt mir zu sehr nach Bürokratie. Eine Natur, die sich wie ein Betriebsrat benimmt, würde mich nicht mehr interessieren. Wir müssen der Frage nachgehen, wie die Antigravitation in die genitalen und zerebralen Zentralen gelangte. Wir verstehen den Steigerungsvorgang noch nicht.

Ob Schellings Potenzen-Lehre hierbei zu neuer Aktualität erweckt werden kann, muß ich offenlassen. Ich fürchte, bei dem alten Herrn hatte sich schon viel Leerlauf eingespielt. Doch was ist Philosophie heute? Ist sie nicht der Leerlauf des Leerlaufs?

Per Analogie läßt sich der weibliche Höhepunkt als ein bioelektrischer Lichtbogen beschreiben. Seine Spannung wird relativ zu Stimulierungen aufgebaut. Hier ist mit einem hohen Anteil endogener Energiebereitstellung zu rechnen. Erregung besitzt von Anfang an eine selbstbezügliche Seite. Wahrscheinlich ist, wie schon die Wiener Psychoanalyse suggerierte, die Masturbation evolutionär sehr viel älter als die Partnerliebe. Vermutlich gehört sie schon zum Hominiden-Erbe. Selbsterregung und Selbstbefriedigung greifen evolutionär ineinander. Und dies nicht allein beim Individuum, das heranwächst, um später dem Anderen zu begegnen, der die übrigen 50 % des Erbguts mitbringt, sondern bei der Spezies insgesamt. Man könnte sagen, die Gattung greift schon früh in sich selber nach den Sternen.

Ich experimentiere momentan mit dem Begriff der Selbst-Belohnung. Das ist ein Konzept, das auf der Grenze zwischen Neurologie und Spieltheorie angesiedelt werden soll. Gott würfelt nicht, sagt der Meister aus Princeton. Ob er recht behält, scheint mir fraglich. Ich denke, er wird unterliegen. Ist es nicht eher so, daß die Natur, sobald sie sich erst einmal Nervensysteme geleistet hatte, regelrecht spielsüchtig wurde? Sitzt sie nicht den ganzen Tag lang in der Spielhalle und amüsiert sich zu Tode mit allem, was ihr in die Finger fällt, mit Zellen, Bällen und Symbolen, und selbstverständlich auch mit Würfeln?

Übrigens, ich wußte bis vor kurzem nicht, daß unser Wort »Chance« vom lateinischen cadentia herkommt, das den Fall der Würfel bezeichnet.

Mit herzlichen Grüßen und in Vorfreude auf unsere persönliche Begegnung.

Desiree zur Lippe

Beatrice von Freygel <beabonadea@orange.fr>
15. März 2015 16:35
An: Guido Mösenlechzner <moeslech@alice.it>
Cc: Desiree zur Lippe <desili@gmx.at>;
     Kurt Silbe <kusil@t-online.de>;
     Peer Sloterdijk <sloty@durlacherfreiheit.de>

Lieber Herr Mösenlechzner,
   haben Sie Dank für Ihre informativen Ausführungen. Daß auch ich die Fünfzig überschritten habe, haben Sie feinfühlig erraten. In Sachen Fünfzigjährigkeit bin ich Anfängerin. Ich sollte einen Button an der Bluse tragen: »Ich lerne noch.« Ich verstehe das als eine willkommene Chance, mittendrin noch einmal zu beginnen.

Auch ich, liebe Desiree, würfle im übrigen nicht. Um die Wahrheit zu sagen, spielt das Alter bei mir keine Rolle, ich könnte mich subjektiv (so sagt man doch in Ihren Kreisen, sobald man aus der Perspektive der ersten Person redet?) auch als späte Dreißigerin ausgeben, wenn da die Haut nicht wäre, die leider viel ehrlicher ist als ich selbst. Sie hat sich mehr von den Höhen und Tiefen des Lebens gemerkt, als mir lieb ist. Dabei hat es größere Tiefen bei mir nicht gegeben. Falten ohne Tiefen machen eigentlich keinen Sinn. Was kann man aber gegen sie einwenden? Von innen weiß die Haut von Falten nichts. Die in gewissen Kreisen beliebten Spritzen kommen für mich nicht in Frage.

Ihren völkerkundlichen Hinweisen bin ich mit großer Faszination gefolgt. Ich wüßte manchmal gern mehr von Völkern. Jedoch, wenn ich ehrlich bin, bin ich gegen Völker. Die passen nicht in unsere Zeit. In Wahrheit, aber das sage ich nur Ihnen, finde ich Völker pervers. Es wundert mich eigentlich nicht, daß Sie sich gleichzeitig mit Völkern und Pornographie befassen. Man sollte die Völker verbieten und von ihren Bräuchen nur in Büchern berichten, die mit einem Spezialausweis entliehen werden können.

Wie ich Ihre Kommentare zur zeitgenössischen Pornographie-Welle deuten soll, ist mir nicht klar geworden. Pornographie ist jedenfalls ein Sujet, das in meiner Lebensgeschichte keine Rolle spielte. Doch auch wenn man normal empfindet, wirft man gern einen Blick über den Zaun. Mündlich ließe sich das wohl besser erklären. Entsprechende Abbildungen haben Sie gewiß zusammengetragen. Ich bin sicher, Sie hätten mir viel Erhellendes zu erzählen. Wir könnten ja mal gemeinsam in den Dolomiten wandern, die Gegend spricht mich seit jeher stark an. Nur müßten Sie immer vor mir gehen, damit Sie nicht auf die Idee kommen, den Schleier der Natur aufzuheben. Feste Schuhe habe ich schon.

Herzlich
Beatrice

Peer Sloterdijk <sloty@durlacherfreiheit.de>
15. März 2015 16:57
An: Guido Mösenlechzner <moeslech@alice.it>
Cc   Kurt Silbe <kusil@t-online.de>;
        Beatrice von Freygel <beabonadea@orange.fr.>;
        Desiree zur Lippe <desili@gmx.at>

Sehr geehrter Herr Mösenlechzner,

Ihre Intervention hat mich aufgeheitert. Vermutlich spreche ich aus, was die Kollegen ähnlich empfunden haben mögen, wenn ich gestehe, daß ich für einige Momente ratlos war, nachdem ich Ihr Statement gelesen hatte. Mir war nicht klar, was als nächstes folgen könnte. Eine Steigerung erschien mir ebenso ausgeschlossen wie ein Rückschritt.

Übrigens ist mir Ihre kleine Bosheit gegen Bataille nicht entgangen. Über diesen Bastard der Mystik wäre gewiß Schlimmeres vorzubringen, als Sie es andeuten. Man müßte demnächst einmal ein Seminar über vergleichende Perversionskunde veranstalten.

In einer Hinsicht kann ich Ihnen nicht recht geben.

Was Sie meine »vorgetäuschte Gesprächigkeit« nennen, ist meinerseits nie strategisch oder taktisch intendiert gewesen, sie ist eine Sache des Naturells, falls es so etwas wie Naturelle gibt. Denken Sie an Goethes vielzitierte Vignette über die Anteile seines Erbes nach väterlicher wie mütterlicher Seite! Als halb vaterloses Nachkriegskind habe ich vom physischen Vater des Lebens ernstes Führen nicht übernehmen können, allenfalls die Statur. Er war kräftig, hochgewachsen und willens, mit den Tatsachen zurechtzukommen. Die sorgten dafür, daß er bei denen, die für das Glück anstehen, sich ziemlich weit hinten einreihen mußte.

Vom Mütterchen stammen hingegen die Frohnatur und die Lust zu fabulieren, plötzliche Zitate aus Homer inbegriffen. »Mein Kind, welch Wort ist dem Gehege deiner Zähle entflohen!«, rezitierte sie manchmal schon beim Frühstück, wenn ich irgend etwas Respektloses über die Schule geäußert hatte. Auch Goethe war vor meiner Frau Mama nicht sicher: »Der nicht geschundene Mensch wird nicht erzogen.« Das fiel so nebenbei, als wäre das humanistische Gymnasium ein Fitness-Center. Sie schwang die Zitatkeule wie andere Leute die moralische. Besonders mochte sie Philine: »Und wenn ich dich liebe, was geht's dich an?« Dann war sie regelmäßig in der Stimmung, boshaft zu kichern. Sie müssen mir zugute halten, sehr geehrter Herr Mösenlechzner, daß in mir oft etwas Unseriöses am Werk ist, besonders wenn es um schwergewichtige Angelegenheiten geht. Noch in den Letzten Dingen ist ein gewisser Übermut nicht zu eliminieren. Woher er kommt, habe ich genetisch korrekt angedeutet. Das Fabulieren geht seinen

Weg, auch wenn es nicht um den Tausch von melanesischen Matten oder kölschen Intimitäten zu tun ist.

Ich erinnere mich gerade daran, daß ich kürzlich in einem Pariser Hotel am Louvre, wo ich mit einer Dame eine halbe Woche zubrachte, eine Flasche Champagner aufs Zimmer kommen ließ. Edles Gewächs. Wir tranken nicht aus, weil andere Prioritäten gegeben waren. So blieb das Getränk eine Weile im Kühler stehen, später bemerkten wir beide mit Erstaunen, daß noch am dritten Tag Perlen vom Boden der Flasche aufstiegen. Ich bin vor achtundsechzig Jahren geöffnet worden. Kein Mensch weiß, woran es liegt, daß es weiter perlt.

Vor Jahren hatte ich einmal Gelegenheit, die Kreidehöhlen des Champagnerguts Pommery zu besuchen, wo die auf dem Kopf stehenden Flaschen auf eisernen Ständern im Dunkeln reifen. Wußten Sie eigentlich, daß alte Kreide mit der Zeit kohleschwarz werden kann, an der Oberfläche zumindest? Im Labor der Domäne traf ich einen Mitarbeiter, der versuchte, meinen Begleitern und mir die Etappen der Schaumweinproduktion zu erklären. Während seines Vortrags wurde mir bewußt, daß der Vorgang mysteriöser ist, als man gemeinhin annimmt, oder sagen wir der Vorsicht halber, komplexer.

Seit damals habe ich den Ausdruck »Efferveszenz« im Kopf. Es steigt auf, es perlt. Das Schäumen ist ein Universum für sich. Sie müßten hören, wie Frau von Freygel »es perlt« ausspricht, mit langem E, dabei lacht sie wie eine Weinkönigin.

Ich bin gewiß kein Hegelianer, so etwas mir nachzusagen fiel noch niemandem ein. Doch daß dieser gemütlose Langweiler, der zu Lebzeiten das Heil fand, ohne auf das Gros der Menschheit zu warten, das philosophische Denken gelegentlich mit dem Aufschäumen eines Getränks im Kelch verglich, muß man ihm zugute halten.

Bitte zweifeln Sie nicht daran, daß wir für jeden Impuls von Ihrer Seite weiterhin dankbar sein werden.

Mit den allerbesten Grüßen
Peer Sloterdijk

Kurt Silbe <kusil@t-online.de>
15. März 2015   19:19
An: Desiree zur Lippe <desili@gmx.at>
Cc: Peer Sloterdijk <sloty@durlacherfreiheit.de>;
      Beatrice von Freygel <beabonadea@orange.fr>;
      Guido Mösenlechzner <moeslech@alice.it>

Liebe Elisabeth,
liebe Freunde,

sehr geehrter Guido (der Nicht-Achtundsechziger mit der Duz-Hemmung, die mir gefällt),

laßt mich offen aussprechen, wie sehr mich die aktuelle Konversation in Verlegenheit setzt. Fast bereue ich, daß ich die Idee des Ehrlichkeitsvertrags ins Spiel gebracht habe. Mir scheint, wir haben seine Auswirkungen nicht mehr unter Kontrolle. Das Wort Subjektivität bringt uns kein Glück. Wem übrigens hätte es jemals gutgetan? Wir meinen subjektiv zu sein, in Wirklichkeit überheben wir uns, wir schweifen ab. Das mag eine

Weile für Unterhaltung sorgen, in der Sache führt es nicht voran. Das gilt auch für die geistreichen Anmerkungen von Herrn Mösenlechzner zu unserem vorgeblichen rhapsodischen Mehrkampf. Völkerkunde, meinetwegen. Potlach und Geschenkefest, bitte sehr. Doch Melanesien ist weit, und was geräucherte Indianer sich erzählen, bevor sie sich auf die Schädel schlagen, bleibt für unser Projekt ohne Belang.

Daß wir uns recht verstehen, ich habe nichts dagegen, daß Frau zur Lippe zu unserer Ehrlichkeitsfestkönigin ausgerufen wird. Im übrigen hat sie einiges beigesteuert, was uns weiterbringen könnte, insbesondere mit ihrem Hinweis auf die organismische Selbstbelohnung. Auf ihr Papier über das Leben als Aufleben dürfen wir gespannt sein, ich hoffe, wir bekommen es noch vor dem Karlsruher Treffen zu sehen.

Aber da wir schon einmal auf der schiefen Ebene sind, will ich das Thema auch aus meiner Sicht zu Ende bringen. Ich hatte, Ihr erinnert Euch, in meinem perplexen Antwortschreiben an Desiree die Tantra-Geschichte von Kiel grob skizziert. Damals hat sich etwas ziemlich Verrücktes ereignet, das ich nicht im Stadium der Andeutungen lassen möchte.

Wie gesagt, Peer hatte mir eingeredet, ich käme menschlich und spirituell bestimmt ganz weit voran, nähme ich an einer Gruppe teil, die damals von Leuten angeboten wurde, mit denen er von der Münchener Urschrei-und-Mehr-Szene her in Berührung war. Ganz sicher werde die Reise sich lohnen, meinte er. Die Indien-Mode jener Zeit forderte auch von ihm ihren Tribut. Außerdem wollte er schon damals beweisen, daß Bezahlen nicht weh tut, wenn man bereit ist, mehr zu geben, als verlangt wird. Zum Geben gehört, weite Anreisen auf sich zu nehmen. Und schließlich kommt man mit den eigenen Zweifeln besser zurecht, wenn man Dritte überzeugt, bei Ausflügen ins Unseriöse mitzumachen.

Daß Peers Andeutungen in bezug auf die tantrischen Techniken suggestiv wirkten, siehst du an der Entfernung, die wir zu bewältigen hatten. München–Kiel, das waren auch damals 870 Kilometer. In München bestanden zwar ähnliche Angebote, doch die Kursleiterin der Kiel-Gruppe war damals bereits zu einem Mythos geworden. Wenn also überhaupt, dann mit ihr, Mira, dem mystischen Luder. Sie war auf Fotzenhimmelfahrten spezialisiert, das wußte in der Szene jeder. Durfte man so etwas versäumen?

Wir nahmen den Zug in der Holzklasse und lasen unterwegs »Lectures« aus Rajneeshs Bombay-Jahren, diese Ansprachen im kleineren Kreis über Sex, Total Awareness und Surrender, die übrigens sehr deutlich zeigten, wie falsch es war, ihn zu unterschätzen. Von wie weit her klingt heute ein Wort wie Awareness! Doch daß die Sache mit Gott Unterwerfung meint, das versteht heute jeder, der es fertigbringt, den Ekel vor dem deregulierten Islam in Klammern zu setzen.

Die Orange-Szene war unter den Klienten solcher Kurse damals vorherrschend, mit ein paar ratlos suchenden Externen darunter. Dem Sucher bietet man, worauf er hofft.

In Kiel war das in keiner Hinsicht anders. Seit jeher müssen in den Sekten die Neuankömmlinge den Internen beweisen, daß sie sich auf dem richtigen Weg befinden. Zustrom von außen deutet auf Wachstum und Erfolg. Zehn Eingeweihte und zwei Novizen, schon steht der Horizont für Wahnerweiterung offen. Bei Ron Hubbard lief das jahrzehntelang so, und wenn's auch heute um seine Erfindung stiller geworden ist, sollte man weiter wachsam bleiben. Zudem war Sex schon immer ein guter Attraktor für den Zustrom, wie man in Indien bemerkt hatte. Wachstum und Wahnsinn gehören seit jeher zusammen, nicht wahr? Wahnsinn ist, was ständig wachsen will. Am glücklichsten fühlt er sich, solange er glaubt, bald die Mehrheit zu bilden. Wahnsinn für Deutschland, Wahnsinn für Rußland, Wahnsinn für die Welt.

Den ganzen ersten Tag saß man im Gruppenraum nackt am Boden und machte reihum »puja« (sprich Verehrung) vor dem Göttlichen im Anderen. Das Nacktsein hatte einen gewissen Sinn. Wir fingen dort an, wo ödere Spiele enden. Ob Kleider Leute machen oder nicht, die Frage war für uns erledigt. Zum Beispiel, indem man »wie absichtslos« (der Anweisung gemäß) das Genital des Gegenübersitzenden berührte. Mir wurde bewußt, daß das Sitzen auf dem Boden nicht zu meinen Stärken gehört. Ich bin ein bekennender Stuhlabhängiger. Guido Mösenlechzner würde vermutlich sagen, meine Mühe mit dem stuhllosen Sitzen sei ein Beleg dafür, daß ein Modul aus der Ära vor dem modernen Menschen bei einem Typen wie mir deaktiviert worden sei.

Auffällig war in dieser Phase, daß rein gar nichts passierte. Außerdem waren die Männer in der Mehrheit, was für uns Heteros etwas ärgerlich war. Schwänze anfassen lag nicht im Bereich meiner Interessen, aber nach der Lage der Dinge ließ es sich nicht ganz vermeiden, wollte man nicht aus den Übungen aussteigen. Ejakulieren war natürlich tabu. Auch die Frauen durften auf keinen Fall kommen, sonst hätten sie gleich zu Hause bleiben können.

Am zweiten Tag ging es lebhafter zu. Mira, das mystische Luder, hatte während des ersten Tags gelegentlich Salbungsvolles aufgesagt. Im übrigen hatte sie einen Lover dabei, eine Art Shiva-Darsteller von orientalischem Aussehen, möglicherweise Inder, mit duldsamen, schwarzbraun leuchtenden Öl-Augen, vielleicht aber auch bloß ein dunkel geratener Osteuropäer.

Nach einer Weile setzte Mira sich ohne weitere Umstände rittlings auf ihren Assistenten, der auf dem Rükken lag. Sie hatte den Rock leicht angehoben und das Gesicht zur Gruppe gewendet. War man nahe genug an der Szene, sah man einen Moment sein Glied in vertikaler Stellung. Mindestens eine Stunde lang blieb sie so sitzen, mit verdrehtem Blick, und bewegte kaum bemerklich das Becken. Vermutlich gehörte dies zur Einführungslektion und sollte der Gruppe zeigen, bis wohin man es mit der nötigen Ausdauer bringen konnte. Der Vorgang nannte sich »maithuna« und sollte die Vereinigung von Weltseele und Einzelseele symbolisieren. Wie der Mann so lange den Steifen halten konnte, war mir ein absolutes Rätsel. Ob die Ad-hoc-Hochzeit Shivas mit der Shakti nur eine erbauliche Komödie war, konnte von uns keiner sagen. Daß von dem ungeniert heiligen Paar eine Faszination ausging, war nicht zu leugnen. Übrigens wurde mir nicht klar, ob Mira den Mann, auf dem sie mit so perfider Nachhaltigkeit schaukelte, als spirituelles Gegenüber oder als Lebenspartner ansah. Er kam mir vor wie ein Butler, der sich als lebender Dildo für die Herrin bereit hielt.

An diesem zweiten Tag kaum auch bei uns etwas Bewegung auf. Mira eröffnete die Sitzung vom Vormittag (wir waren alle mürbe wegen der nächtlichen breaks mit dem getakteten Atmen und langwierig-eintönigen Om-Rezitationen), indem sie eine Lecture des Meisters auf englisch vorlas. Anschließend sprach sie in eigenen Worten über die weibliche Erfüllung, übrigens durchwegs in einem forcierten Singsang, als wollte sie die alltägliche Intonation vermeiden.

Ihre Botschaft war schlicht, doch vorgetragen mit magnetischer Sicherheit und untermalt von balkandunklen Blicken, wirkte sie wie eine Hypnose. Man driftete nach und nach in das wollüstige Gefühl, mit einem Mal zu verstehen, wonach man merkwürdigerweise nie gefragt hatte. Wie durch Zauber paßte alles von selbst zu allem.

Wenn Frauen genießen möchten, sagte Mira, müßten sie aufhören, sich rächen zu wollen. Sie seien aber fast immer darauf aus, Rache zu nehmen, oft ohne es zu wissen. Sie rächen sich an den Verhältnissen, an den Überlieferungen, an den Männern, an den Müttern, am meisten aber an sich selbst. Wenn sie auch oft freundlich und aufgeschlossen tun, sind sie in Wirklichkeit darauf aus, recht zu behalten. Wer recht haben will, wird nie genießen.

Rache und Ego waren für Mira ein und dasselbe. Ihre

Botschaft lautete: Rache ist nicht süß, sondern das Bitterste, was die Welt der Aromen bietet. Scheinsüß ist sie für die Verirrten, die es verlernt haben, die Qualitäten zu unterscheiden. Für die Konfusen und Perplexen läuft das Spiel im Kreis. Und im Kreis lauft ihr doch alle, nicht wahr? In Miras Lächeln spielte eine diabolische Ironie. Der Kreisweg sichert die Ausweglosigkeit. Das Ego will seine Rache haben, die Rache blockiert die Energie, die Blockade verstärkt das Ego, das Ego will noch mehr Rache üben, so geht es endlos im Zirkel. Man müsse begreifen: Jede Episode weiblicher Lustlosigkeit ergebe nur im Rachekontext einen Sinn.

Mira schien allen Ernstes zu glauben, die Frauen seien Göttinnen, die ursprünglich im Orgasmus zu Hause sind. Wie bösartig-selig sie lächelte, als sie das sagte! Nur aus Trotz kehren die Frauen nicht mehr dorthin zurück. Sie seien von Natur aus Wesen, die fliegen, wie Vögel, wie Libellen, wie Lindenblüten, wie Löwenzahnsamen. Ihre Tragödie sei es, daß sie sich einbilden, die Männer nachahmen zu müssen. Die Männer sind von Natur aus flugunfähig, weil sie von Lebewesen mit Horizontalwirbelsäulen herkommen. Ob es die Schlange ist oder der Hund, der Schakal, das Pferd, das Handicap sei stets dasselbe. Sie bleiben horizontal gebundene Kreaturen. Aufgeklärte Frauen müßten lernen, die Männer ins Bodenpersonal einzuordnen. Freilich, hin und wieder finde man heute auch schon im Westen einen Mann, der fähig sei, den Flug der Frau vom Boden aus zu unterstützen. Normalerweise begreife die männliche Seite nicht, was für ein Segen es sei, am Flug der Frau teilzuhaben. Die Bereitschaft der Männer, das Potential des weiblichen Gegenübers zu bejahen, sei allgemein sehr wenig entwickelt.

Der Orgasmus war die Antwort auf alles und der Anfang von allem. Aus Miras Sicht war nur der Nicht-Orgasmus der Frau erklärungsbedürftig. Die Frage war bloß, wie der Nicht-Höhepunkt entsteht, das Lustlose, das Alltägliche, das Eheliche, das Isolierte. Als Mira das sagte, lächelte sie erneut auf eine Weise, die uns Männern in der Gruppe einen Schauer einjagte. Keine Sorge, sagte sie gleich darauf. Wenn wir uns hier getroffen hätten, dann weil uns die Botschaft erreicht hat. Wir sind die Avantgarde, weil wir wissen wollen, wie wir es im Nicht-Höhepunkt so lange ausgehalten hatten.

Dann wickelte sie ihren seitlich gefalteten gelben Rock auf und zeigte ihr Geschlecht. Sie tat das ohne weiteren Kommentar. Sie lächelte dabei wieder so seltsam, daß mir noch dreißig Jahre später beim Gedanken an die Szene unheimlich zumute ist. Ihre Geschlechtsregion kam mir wie eine indische Kultkapelle vor. Mira hatte ihren Mösenwald hellrot gefärbt, die genitale Zone war tätowiert wie ein übergroßer Nachtfalter, schwarzrot mit weißen Ringen in den Flügeln. Das Fleisch ihrer Oberschenkel war wollüstig welk und von einer erregenden Anmutung. Der Anblick brannte sich in mir ein wie eine Annonce, auf die ich umgehend antworten sollte. Das welke Schenkelfleisch und Miras extraterrestrisches Lächeln ergaben eine Botschaft, die mich durchzitterte wie kaum je zuvor ein Signal von weiblicher Seite. Bis dahin hatte ich Mira für eine jüngere, obschon im Exzeß gereifte Frau gehalten, die sich dank ihrer reichen Erfahrung in einer Art von hexenhafter

Alterslosigkeit etabliert hatte. Nun begriff ich, daß sie um die Sechzig sein mußte.

Sie manipulierte sich in der Gegend des Falters wie eine Musikerin, die ihr Instrument stimmt. Darauf verfiel sie in eine Art Sprechgesang, von dem ich anfangs nur einen Bruchteil verstand. Ich hatte zuerst vermutet, es sei Sanskrit oder eine Passage aus dem Sutra von der physischen Liebe. Nur Silben wie »Ego« und »Lyse«, die häufiger vorkamen, blieben bei mir hängen. Mit der Zeit merkte ich, daß die bizarre Sprache ein durch den rhapsodischen Vortrag verfremdetes Englisch darstellte. Mira war unter uns wie eine Botin aus alter Zeit, als man zwischen Wissen und Singen noch nicht unterschied. Es war Musik, es war Theorie, es war ein Klingen jenseits der Sprache.

Mit einem Schlag wurde deutlich, was es mit den Vorsokratikern auf sich hatte. Miras Vortrag handelte von einem Unterschied, von dem ich bisher noch nie etwas gehört hatte. Sie sang von Analyse und Egolyse. Das Wort Egolyse war mir unbekannt, doch dank meines Schulgriechisch konnte ich mir etwas darunter vorstellen. Egolyse sei ein Verfahren, psalmodierte sie, die Widerstände gegen das Ganze aufzulösen. In Wahrheit sei Tantra nur ein altindisches Wort für das, was heute durch die Egolyse bewirkt wird. Niemand war in der Stimmung, Fragen zu stellen.

Mira erhob sich von ihrem Platz und ging im Gruppenraum herum, die Augen in manifester Trance geöffnet. Bei diesem Rundgang konnte sie uns nicht erkennen, denn ihre Pupillen waren in den Augenhöhlen verschwunden. Man sah das Weiß der Augäpfel, leuchtend von Feuchtigkeit. Sie deutete auf uns, die wir im Kreis saßen, nackt, disponibel und vor Erlebnisbereitschaft wehrlos. Du mit ihr! sagte sie zu einem aus der Gruppe. Du mit ihm! Du mit ihr!

Wir verstanden, daß wir die Reise nicht ganz umsonst gemacht hatten. Mira hatte die Paarungspotentiale zwischen den Anwesenden synchron aufgefaßt. Sie gab ihre Intuitionen im visionären Modus an uns weiter.

Dann fuhr sie wieder eine Weile mit ihrem Singsang fort. Shiva und Shakti, der fabelhafte mythologische Wust, von dem wir Europäer keine Vorstellung haben, sofern wir uns nicht schon zuvor mit dem Hinduismus befaßt hatten. Ich schaute meine Partnerin vorsichtig von der Seite an. Mit einem Mal war ich weniger enttäuscht, als ich befürchtet hatte. Am vorigen Tag war mir zumute gewesen, unter den Frauen in der Gruppe sei keine dabei, die ich auch nur von ferne für anziehend hielt. Zeitweilig dachte ich, 870 Kilometer für nichts.

Während Mira sprach, betrachtete ich die mir zugewiesene Person. Natürlich glotzte ich sie nicht an, wie man jetzt eine Kontaktanzeige im Netz studiert. Obschon alles auf Indiskretion hinauslaufen würde, blieb ich höflich-scheu wie ein Tanzschüler. Irgendwie wartete ich auf den Moment, in dem ich »darf ich bitten?« sagen würde. Sie mußte auf die Dreißig zugehen. Nach meinen damaligen Begriffen war sie natürlich viel zu alt. Doch nicht unhübsch, mittelgroße Brüste, die ein erstes Nachgeben gegen die Schwerkraft zeigten. Ich mochte das nicht ungern. Schon damals waren mir Frauen suspekt, die allzu makellos daherkamen. Ihr Schamwald war dunkel und fest konturiert (damals rasierte sich noch niemand), das Gesicht etwas hochmütig, entschlossen zu Eskapaden. Sie strahlte eine Art von Neugier aus, die man von Angriffsbereitschaft nicht leicht unterscheidet. Ein, zwei Nuancen mehr, und es wäre Mordlust gewesen. Ich meinte allerdings: Sie denkt zu viel. Damals war die Behauptung »sie denkt« ein schwerer Vorwurf. Ich stellte ihn eilig beiseite, weil ich positiv fühlen wollte.

Je länger ich sie ansah, desto hübscher kam sie mir vor. Insofern hatte ich Glück, wenn ich sie mit den anderen verglich. Leider behielt sie noch immer die ärgerliche Aura leiser Ironie um sich. Ich zog meine Schlüsse. Bestimmt hatte sie noch nie einen richtigen Höhepunkt erlebt. Was hatte sie sonst hier zu suchen? Ich werde sie besiegen, dachte ich. Ich krieg dich. Gegen mich hast du keine Chance.

Das Altertum stieg in mir auf. Ich würde sie dazu bringen, die verdammte Reserve aufzugeben. Diese Frau besteht ja nur aus Widerstand, dachte ich. Nicht mit mir, sagte ich innerlich. Mit mir zusammensein und dann auf Reserve machen, du bist doch nicht bei Trost. Man fährt nicht zehn Stunden mit der Deutschen Bundesbahn nach Kiel, um vor dem ersten Widerstand klein beizugeben.

Daraufhin setzten wieder die Übungen ein, die wir vom Vortage her kannten, die mühseligen Genitalberührungen, die alle Abläufe extrem verlangsamten. Immerhin, zur vorsichtigen Genitalberührung kam nach den Anweisungen der Gruppenleiterin der Augenkontakt hinzu. Begegne dem Blick des anderen Wesens! Halte an! Öffne dich für die behutsame Näherung! Übe awareness. Da drüben ist eine Seele gegenwärtig. Atman ist im Raum. Empfinde Demut. Laß den inneren Ritter erstehen! Lerne, für die Dame zu sterben. Sei bereit, auf Lord Shiva zu vergehen. Ein Auge ist eine unmerkliche Grenze, es ist kein Loch, keine Bresche. Es ist eine Tür, die sich langsam öffnet. Stell dir vor, du trittst vor eine Öffnung, die kein Loch ist. Was tust du dort?

Denk an eine wolkenlose Nacht. Stell dir eine Dunkelheit vor, in der du Entfernungen nicht ermessen kannst. Schau in sie hinaus. Bei der Liebe kannst du nie wissen, ob sie im Kommen oder im Gehen ist. Bleib ständig dabei. Stay with it. Entfernungen sind nicht das Problem. Kommt sie, ist es gut, bleibt sie aus, warte. Doucement. Wenn es in dir schmilzt, let it happen. Dauert es länger, warte. Take your time. Die Zeit ist Gott. Der findet immer seinen Augenblick.

Ich muß zugeben, daß ich meiner wachsenden Ungeduld zum Trotz von Miras Sprechgesang bezaubert war. Sie war eine Dichterin in einem anderen Register. Nun sah ich der Partnerin, die Mira für mich ausgesucht hatte, wie vorgeschrieben in die Augen und versuchte herauszufinden, wie man sich vor einem Nicht-Loch richtig verhält. Ich mußte daran denken, daß Flaubert die Augen Emmas einmal als blau, einmal als grün, einmal als braun beschrieben hatte. Wie die Frau meinem Blick standhielt, war lehrreich. In ihren Augen waren Spott und Trauer gegenwärtig. Sie schien zu sagen, du schaffst es auch nicht.

Die von Mira vorgeschlagene Augenübung rief bei mir unvorhergesehene Wirkungen hervor. Nach einer Minute liefen mir die Tränen herab, ich schluchzte wie ein verlorenes Kind. Mein Bauch fing an zu beben. Im Blick meiner Partnerin sah ich Rührung und Neugier, auch einen Hauch von Herablassung.

Offenbar war mein Gegenüber in Gefühlssachen stabiler als ich, bei Frauen war ich das fast schon gewohnt. Was mich bei der Stange hielt, war, daß ich merkte, die Frau wollte es jetzt auch wissen. Zwar war sie immer noch ein wenig ironisch. Für sie war ich nicht mehr als ein dummer Zufall, aber ihre Entscheidung schien gefallen, sie wollte aus mir eine Notwendigkeit machen.

Als nächstes sollten wir die Augenberührung mit der Genitalberührung verbinden. Keine Übereilung. Keine Ansprüche stellen. Dankbarkeit empfinden. Keine Erwartungen mitbringen. Das Göttliche im Anderen wirken lassen. Das Merkwürdige war bei allem, daß mir die langsamen Zeremonien mit der Zeit so bekannt vorkamen, als hätte ich sie irgendwann schon einmal geübt. Ist alles ins Ungewöhnliche versetzt, bewegt sich das Gewöhnliche mit.

Ich sollte vielleicht hinzufügen, daß mir die Präsenz der übrigen Gruppenmitglieder mit der Zeit völlig gleichgültig geworden war. Nicht einmal Peers Gegenwart störte mich, obschon ich wußte, er schaut gelegentlich zu mir herüber. Mira hatte ihm einen großen fast glatzköpfigen Mann um die Fünfzig zugeordnet. An die grauen Brusthaare dieses Typen erinnere ich mich noch. Er strahlte eine Traurigkeit aus, die zu seiner Virilität in einem seltsamen Kontrast stand. Wie ein solcher Typ in die Gesellschaft von Suchenden geraten war, blieb unverständlich. Ich konnte nur hoffen, Peer werde berichten, es habe ihn weitergebracht. Im Augenblick aber, um die Wahrheit zu sagen, war es mir egal. Wir waren zu einer Inselgruppe geworden, deren Bewohner sich gegenseitig ignorierten. Wir waren Erlebnis-Inseln im Wind. Die Sporaden lagen an der Ostsee.

Auf physischer Ebene war ich ins Halbsteife zurückgefallen, was bei dem sachten, leicht ironischen Griff meiner Partnerin an mein hungrig-scheues Ding kein Wunder war, indes mir meine bei ihr im Zentrum vorsichtig plazierte Hand mitteilte, ihre Kluft sei ins Halbfeuchte unterwegs, was mir als Teilerfolg vorkam. Ich sagte mir, wir seien ja erst bei den Präliminarien.

Ich möchte das nicht länger ausführen. Irgendwann durfte ich in die Frau eindringen. Gleitmittel stellte man nicht zur Verfügung, es wäre wahrscheinlich zu profan gewesen. Aber Papierhandtücher gehörten damals zur Grundausstattung. Von den Zwischenschritten berichte ich nicht. Man hätte beinahe vergessen können, daß es sich um Sex handelte. So stelle ich mir Pilze sammeln mit Peter Handke vor.

Woran ich mich am besten erinnere, das ist, daß Mira immerzu »langsam« sagte. Doucement. Slowly. Langsam, langsam! Das war das Mantra, das über allen Vorgängen schwebte. Eine Ejakulation hätte jetzt alles verdorben. Mira konnte offenbar zehn oder zwölf Kopulationen gleichzeitig überblicken wie ein Schachmeister, der simultan gegen eine Gruppe lokaler Talente spielt.

Kurzum, liebe Kollegen, schon das Bisherige könnte man unter der Kategorie Erlebnis verbuchen. Aber es war nichts gegen das, was dann passierte. Mira muß bald nach der Freigabe der Aktionsphase mitbekommen haben, daß es zwischen der Frau und mir nicht wirklich klappte. Ob man unsere Kopulation »maithuna« nannte oder sonstwie, war nicht wichtig. Ich hatte mir nicht merken können, ob ich jetzt die Einzelseele war, die sich mit der Weltseele vereinigt, oder umgekehrt. Übrigens fand ich die Frau, als ich in ihr drin war, mit einem Mal phantastisch, ich wippte auf ihr wie ein Fan in der Südkurve. Doch aus dem Gesicht der Frau wollte die Ironie nicht ganz weichen.

Dann, plötzlich, saß Mira neben uns, aufgetaucht aus dem Nichts, und berührte mich sacht am Haar. Kurt, sagte sie, langsam. Doucement. Wieder lächelte sie und schüttelte den Kopf. Ich dachte an die welken Schenkel, die so viel mehr Erfahrung besaßen als wir alle. Um ein Haar hätte ich abgespritzt. Ich fing mich aber und erwiderte Miras Blick. In diesem Augenblick war ich der vollendete Idiot, Dostojewski hätte mich gegen den Fürsten Myschkin austauschen können, ohne daß es aufgefallen wäre. Vielleicht wäre ein wenig Revolte am Platz gewesen. War ich denn wirklich so verblödet? Wogegen aber sollte ich mich auflehnen? Warum war ich hier? Worauf hätte ich stolz sein können? Eine zweite Reise nach Kiel hätte ich mir nicht leisten können. In Miras Augen war so viel übermütiges Wohlwollen, daß ich nachgab.

Kurt, sagte Mira leise. Kurt, listen. Sie zog mich ein wenig auf die Seite, so daß die Frau nicht hören konnte, was sie mir zuflüsterte. Ihr südeuropäisches Englisch kam mir nun zugute. Ich verstand jedes Wort, weil sie noch schlechter Englisch sprach als ich. Don't you see what's happening? You must help her. This woman ist very ironical. Do you understand? Sie ist eine Rächerin, gib ihr eine Chance. Zeig ihr, daß sie sich an dir nicht rächen muß.

I am going to tell you how. Jetzt machen wir Folgendes, Kurt, hörst du? Du hast doch noch den Steifen, nicht? Your dick is stiff, that's great. Du ziehst ihn so weit heraus wie möglich. Dann gehst du wieder nach vorn, dabei kommt Luft in ihre Vagina. Do you hear me? Luft in der Vagina, darauf kommt es an. Das machst du zwei, drei Mal, dann ist so viel Luft in ihrer Möse, daß sie beim nächsten Stoß zu furzen anfängt. Sie wird dich auf der Stelle hassen. Das ist perfekt. Go on pumping air into her. Je mehr Luft du in sie füllst, desto besser. Now listen to me, Kurt! (Das Wort »kört« klang erregend in meinen Ohren, als hätte sie meinen wahren Namen gefunden.) Du mußt immer weitermachen. She will hate you and herself and everything. Sie steht auf der Kippe, you know. On the edge. Du läßt dich nicht beirren, sie furzt, du vögelst, verstanden? All of a sudden wird sie entscheiden, ob es peinlich ist oder wonderful. You just have to go on and on. Du machst weiter, egal was geschieht. Sie pupst, du bleibst bei der Sache. Vögeln ist wie Hobeln, die Späne fallen, die Widerstände mit ihnen. Das ist Egolyse. Good luck, my dear.

Schon war das mystische Luder zu einem andern Paar weitergegangen, ich hörte ihr melodisches Murmeln aus der Nähe. Ich blieb mit der Frau allein zurück.

Die Konsequenzen waren denkwürdig. Die Frau furzte ganz entsetzlich. Ich hatte alle Mühe, die Peinlichkeit, deren Urheber ich war, meiner Partnerin nicht zurückzuspiegeln. Aber ich hielt mich eine Minute lang ziemlich gut und brachte es fertig, die heitere Miene zu bewahren. Die Ekstase ist nahe, sagte ich zu mir, benimm dich entsprechend. Zeig ihr, daß deine Fähigkeit zur Begeisterung heftiger ist als die Wirkung ihrer Ironie. Du bist toll, sagte ich. So schön war es noch nie.

Und dann passierte es. Ich konnte mich nicht mehr beherrschen und brach in ein Gelächter aus, das man mit einem Schreien unter Folter hätte verwechseln können. Gleich danach kam ein zweites Schreien auf, wie ich es nie zuvor gehört hatte. Die Frau hatte sich in der Tiefe ihrer Demütigung zusammengerafft. Oder hatte sie sich in einen Graben fallen lassen, der tiefer reichte als Wut, Scham und Verlegenheit? Wie man es beschreiben soll, werde ich nie erfahren. Nur eines weiß ich, im Leben nicht habe ich je einem solchen Höhepunkt beigewohnt.

Beiwohnen ist vermutlich überhaupt das richtige Wort. Mehr als Beiwohner können wir ja nicht sein. Ich weiß seither, die Frau, das ist das Wesen, das jubeln kann. In Jubeldingen bin ich nicht besonders begabt. Bin aber alt genug, um zu wissen, daß nachtragende Bemerkungen zu nichts führen.

Auf dem Rückweg nach München war Peer wortkarg. Später verloren wir uns gegenseitig aus den Augen.

Das war es, was ich der Sache zuliebe beisteuern wollte, um unseren Subjektivitätsvertrag zu erfüllen.

Beste Grüße an alle!

Kurt

Desiree zur Lippe <desili@gmx.at>
15. 2015 März, 23:11
An: Kurt Silbe <kusil@.t-online.de>

Kurt, lieber Kurt,

Deinen Bericht habe ich mit wachsender Anteilnahme gelesen. Mir kommt er gar nicht übertrieben subjektiv vor. In meinen Ohren klingt er eher wie etwas, das unglaublich viele Frauen betrifft. Mir geht er sehr, sehr nahe.

Vielleicht hätte ich es schon früher ahnen sollen. Immer sagst Du nur »die Frau«. Ich weiß ja, es war die Zeit ohne Vornamen. Jetzt hör mir zu, mein Lieber. Die ironische weibliche Person, in die Du damals im Rahmen meditativer Übungen eingedrungen bist, die war ich.

Nun bist doch Du der Verausgabungskönig geworden. Bisher wissen das nur wir beide. Die anderen werden Deinen Brief nicht richtig verstehen.

Den Kranz setze ich Dir leicht verlegen aufs Haupt, demnächst. Übernächste Woche sehen wir uns in Karlsruhe. Dann hast Du Gelegenheit zu beurteilen, was aus meiner Ironie geworden ist, dreißig Jahre später.

Gute Nacht, lieber Kurt! So darf ich doch sagen?

Desiree

II Die Evolutionstheorie

Karlsruher Aussprache
1.-2. April 2015, Lorenzstraße 25

Schriftführerin: Beatrice von Freygel

Anwesende:
(in alphabetischer Reihenfolge, ohne akademische
Titel)

von Freygel, Beatrice
    (Konferenzmanagement und Public Relations)
Mösenlechzner, Guido
    (Ethnologie und Kulturwissenschaft)
Silbe, Kurt
    (Kulturgeschichte und Wissenschaftsjournalismus)
Sloterdijk, Peer
    (Philosophie und Ästhetik)
Stutensee, Agneta
    (Biologie und Paläontologie)
zur Lippe, Desiree
    (Philosophie und Bildende Künste)

Entschuldigt:
Zulauf-Grämlich, Lotte (Paläo-Endokrinologie*)

Beginn: 1. April, ca. 17 Uhr.

Gäste:

Weibel, Peter
    (Zentrum für Kunst und Medien, Karlsruhe)
    (2. April, 11 Uhr 15 bis 13 Uhr)
Ujica, Andrei
    (Filminstitut Hochschule für Gestaltung Karlsruhe
    (2. April, 14 Uhr 30 bis 15 Uhr 30)
Mentrup, Frank
    (Oberbürgermeister von Karlsruhe)
    (2. April, 15 Uhr 15 bis 15 Uhr 25)

Das Dokument stellt hauptsächlich ein Ergebnis- bzw. Aussagenprotokoll dar. In wenigen Fällen sind Äußerungen den Sprechern namentlich zugeordnet.

*Fachbezeichnung unter Vorbehalt

Erste Gynäkologie

Die Teilnehmer am »Schelling-Projekt«[1] gehen von der Annahme aus, wonach jede Kultur, der Begriff im strengen ethnographischen Sinn gefaßt, einen Set von Annahmen über die »weiblichen Tatsachen« erzeugt.

---

1 Mit diesem Kennwort wird hier und im Folgenden das Forschungsvorhaben bezeichnet, die biosozialen Prämissen des weiblichen Sexualerlebens in der Zeitspanne zwischen der Altsteinzeit (bzw. dem Mittelpaläolithikum, 200.000-40.000 Jahre) und der Gegenwart im Licht der Hypothese progressiver Subjektivierung bzw. Personalisierung des Lusterlebens zu untersuchen. Die Berufung auf den spätidealistischen deutschen Philosophen Friedrich Wilhelm Joseph Schelling (1775-1854) hat in diesem Zusammenhang mehr emblematischen als monographischen Charakter. Mit ihr ist nicht ein Beitrag zur Schelling-Forschung intendiert, die nach den Impulsen von Pater Xavier Xiliette aus den achtziger und neunziger Jahren des 20. Jahrhunderts auf der Stelle tritt. Vielmehr wollen sie als ein Anstoß für die allgemeinen Kulturwissenschaften bzw. die Humanities aufgefaßt werden, die sich den Vorwurf gefallen lassen müssen, durch institutionelle Selbstbedienung und methodischen Autismus seit Jahrzehnten den Anschluß an das Niveau der globalen natur- und lebenswissenschaftlichen Diskussion verloren zu haben.
Ein Förderungsantrag zugunsten dieses Vorhabens wurde im Herbst 2014 bei der Deutschen Forschungsgemeinschaft Bonn eingereicht unter dem Titel: *»Zwischen Biologie und Humanwissenschaften: Zum Problem der Entfaltung luxurierender Sexualität auf dem Weg von den Hominiden-Weibchen zu den homo-sapiens-Frauen aus evolutionstheoretischer Sicht mit ständiger Rücksicht auf die Naturphilosophie des Deutschen Idealismus«.*

115

Nur selten sind solche »Kenntnisse« im Modus einer »Wissenschaft« organisiert, wie in der noch sehr approximativen Frauenheilkunde der hellenistischen Ära oder in der aktuellen okzidentalen Gynäkologie. Diese nahm in Europa nach 1800 ihre bis heute dominierende Form an. Sie weist die Merkmale einer auskristallisierten akademisch-klinischen Disziplin auf, sofern sie in den Prinzipien der Erfahrung, des Experiments und der Verträglichkeit mit benachbarten theoretischen Milieus gründet, namentlich der Biologie, der Chemie und der Physik (Stichwort: Anschlußfähigkeit). So gut wie nie kleiden sich derartige Kenntnisse in die Form eines philosophischen Systems. Tritt der ungewöhnliche Fall ein, hat man Grund, ihn näher zu studieren. Weiteres hierzu im Folgenden.

Was »man« landläufig bzw. in der Kultur des Alltags über »Frauendinge« weiß, physiologisch, psychologisch, rituell, ästhetisch, biographisch usw., besitzt den lockeren Organisationsgrad von Stereotypen teils ernster, teils humoristischer Natur. Über den Status episodischer Beobachtungen gelangt »Wissen« dieser Art nicht hinaus. Familienlegenden und Privatmythologien fallen in die gleiche Kategorie, sofern sie alltagstaugliche Konzepte anbieten. Auf diesem Feld weiß man so viel, wie man erfahren zu haben sich zugute hält. Üblicherweise gibt es keine Gründe, über einzelne Inhalte Rechenschaft zu geben.

Frauen betreffendes Wissen ist darum fast immer dogmatisch verfaßt, sofern man unter Dogmatik den Gebrauch des begründungsunbedürftigen Behauptens versteht. Aus der Sicht der Alltagswissen-Forschung (connaissance ordinaire, folk knowledge) ist jedes Mitglied einer homo-sapiens-Gruppe mit einem Quantum an »feminologischer Kompetenz« ausgestattet. Zum humanen Dasein gehören unabdingbar Frauen betreffende »Kenntnisse«. (Statt von Kenntnissen spräche man möglicherweise besser von »kognitiven Partikeln«.) Ob es auf diesem Gebiet angeborene Ideen alias genetisch determinierte »kognitive Module« gebe, müßte fernere Forschung aufzeigen. Unser Vorhaben soll sich solange wie möglich vom Treibsand der Angeborene-Ideen-Debatte fernhalten.

»Die Frau« gehört zu den »Gegenständen« respektive den »Themen« oder »Aussagefeldern«, in Hinsicht auf welche eine gänzliche Meinungslosigkeit unmöglich wäre. Schon ein Säugling ist ein »Frauenkenner«, der sich vorerst nicht als solcher verrät. Man kann von »der Frau« nicht nichts wissen, gleichgültig wie klischeedurchtränkt die vorgeblichen »Wissenselemente« unter prüfendem Licht erscheinen. Eines Tages wird der Herzog »La donna è mobile« singen, die Paare im Parkett schauen sich lächelnd an.

Aus Beobachtungen dieser Art ergibt sich eine Definition: »Der Mensch«, männlich, weiblich, intersexuell, ist das zum Frauenkennen verurteilte Tier. Es weiß von Frauen unvermeidlich zuwenig, aber auch verwirrend zuviel. Folglich sind Menschen in der Regel die von der Frau enttäuschten Wesen. Wie überall ist hier die Enttäuschung der gerechte Lohn des Vorurteils. Ein Gesprächsteilnehmer bemerkt hierzu: Der »Gynäkognosis« hafte ein Zug zur Tragik an.

(Der Terminus, von Guido Mösenlechzner in die

117

Debatte eingeführt, fand bei den Anwesenden nicht allgemein Beifall. Man wolle seine geistreiche Tendenz nicht in Abrede stellen, doch die Wortprägung bringe den Nachteil mit sich, das Thema viel zu hoch anzusetzen. Silbe zitiert Plessner: Von Überwölbungen sei nichts zu erwarten, außer, daß sie einstürzen.)

Bei diesem Stand der Überlegungen setze Sloterdijk zu einem Impromptu an. Der Sprecher möchte zu bedenken geben, daß Lorenzo da Ponte, Mozarts Wiener Librettist während der 1780er Jahre, in der Register-Arie Leporellos aus dem Ersten Akt der Oper »Don Giovanni« (uraufgeführt Ende Oktober 1787 in Prag) nur dem ersten Anschein nach die Liste der Amouren seines Herrn verzeichnet habe.

In Wahrheit habe Don Giovannis Diener ein Formular entworfen, in das jeder männliche Mensch die Aufzählung seiner Begegnungen mit Angehörigen des schönen Geschlechts eintragen könnte, gleich ob dem eigenen Volk oder fremden Nationen entstammend. Das Begehren sei bekanntlich nicht immer patriotisch gepolt, bei Erektionen laufe des öfteren ein landesverräterischer Zug mit. Es gehe überdies gar nicht so sehr um Eroberungen mit Penetrationsfolgen, sondern um alle Fälle des Berührtseins vom anderen Geschlecht.

»Madamina, il catalogo è questo«: Unbeirrt durch die Skepsis der Übrigen behauptet der Redner, es gebe keinen Mann auf Erden, gleich welcher Stimmgattung, der seinen Rapport über Eindrücke seitens der weiblichen Welt nicht mit dieser Wendung beginnen dürfte. Vom

Countertenor bis zum Baß bewegten sich alle männlichen Stimmen in der Sphäre von Katalogen.

Wie Leporello für seinen Herrn das Formular ausfüllt, gehe uns, außerhalb der Oper, nur indirekt etwas an. Der Wortlaut der Arie liefere ja nicht mehr als ein lokales Beispiel für eine einseitig erotomanisch orientierte Liste. Seiner inhaltlichen Richtung nach, soviel sei zuzugeben, zählt das Leporello-Register die Zwischenfälle des bestraften Wüstlings mit einer verblüffend hohen Anzahl weiblicher Personen europäischer Herkunft auf, woraus sich übrigens die Vermutung ableiten lasse: Türkinnen werden zu Europäerinnen, sobald sie in die Reichweite donjuanischer Energie geraten.

Man müsse Leporellos Formular jedoch viel radikaler verstehen: Es ist weder ein Erfolgsverzeichnis noch ein Sündenregister. Es sei so weit ausgelegt, daß es alle informativen Fälle von männlicher Nähe zur weiblichen Welt verzeichnen könne. Es ist ein Brevier der Berührungen.

Il catalogo è questo, in der Tat. Fasse man den Katalog hinreichend allgemein, beginnt er bei allen Betroffenen unvermeidlich sehr intim. Er verzeichnet die intrauterinen Herzschlag-Tempi der Mutter, aus denen die rhythmischen Modi der klassischen und populären Musik hervorgehen, er endet bei dem Händedruck der Nachtschwester im Hospiz, die dich bei der Ausreise aus dem Dasein fragt, ob du noch etwas zu verzollen hast.

Kurz, das Registerproblem reiche weiter, als bornierte Mozartfreunde zu begreifen willens sind. Wenn im gutkatholischen Spanien für den unermüdlichen

Penetratrionshelden eintausendunddrei Affairen zu Protokoll gegeben werden, dürfe man auf keinen Fall die Botschaft der Zahl überhören.

Was sollte mit dieser Märchenziffer bewiesen werden? Nichts anderes, als daß die Damen der sonnenverbrannten Nation zu jener Zeit noch in viel höherem Maß klischeegesteuert agierten als die übrigen Schönen zwischen Wolga und Atlantik. Auch zu Don Juans Lebzeiten bewegten sich die spanischen Damen am Rande des Nervenzusammenbruchs. Ihre Sehnsucht nach der Stunde der Entwaffnung war noch zeitüblich religiös gefärbt. Aus kulturgeschichtlicher Sicht bleibe es denkwürdig, wie eine blühende weibliche Population vom Phantasma des erigierten Christus ergriffen werden konnte.

Die Ausnahme solle nicht unerwähnt bleiben. Man habe bisher nie darüber nachgedacht, was die von da Ponte angeführte ironisch geringe Zahl von einhundert Eroberungen in Frankreich besagen wollte. Diesen waren nicht weniger als zweihunderteinunddreißig siegreiche Scharmützel in Almania entgegenzustellen, obschon die deutschen Damen, Apfelköniginnen aus dem Norden und Rheinländerinnen ausgenommen, im Ruf stehen, die Lippen zusammenzupressen, sobald ein maskuliner Blickstrahl sie trifft. Von den Italienerinnen schweigen wir besser. Leporello nennt nicht weniger als sechshundertundvierzig Einträge in die Italien-Liste seines Herrn, womit im übrigen erwiesen sein dürfte, daß der spanische Heros einem mediterran geprägten Beuteschema huldigte, nicht weit vom erotischen Rassismus entfernt. Die einundneunzig Besteigungen von

Untertaninnen des ottomanischen Reichs sind nicht geeignet, den Befund zu relativieren.

Es sei, so der Redner, an der Zeit, die Botschaft der Zahlen richtig zu deuten! Einundneunzig Türkinnen en passant, in Frankreich jedoch, vorgeblich dem Mutterland der Verführung, bloße einhundert? Wer könnte ignorieren, wie hier der neuzeitliche Geschlechterkrieg im Modus von Statistik heraufzieht?

Des Rätsels Lösung ist unverkennbar unkorrekt. Schon zu Mozarts und da Pontes Zeiten hatte sich herumgesprochen, die französischen Frauen legten in erotischen Dingen und überhaupt eine liebestötende Überspanntheit an den Tag. Naturgemäß behaupteten die Überspannten, sie bereiteten der Emanzipation der Frau den Weg. Die schöne Generation im Lande der philosophischen Therese las zu jener Zeit bereits Traktate über Maschinen-Menschen, Getreidehandel, Gewaltenteilung und Abtreibung. Sie hielt den Gebrauch des Bidets für den Artikel eins der Droits de la femme. Woraus sich leicht begreiflich machen läßt, warum der iberische Allesfresser den Französinnen eher aus dem Weg ging.

Er schlug um solche Vertreterinnen der Weiblichkeit einen weiten Bogen, obwohl er, wie man hört, ansonsten sogar vor der Häßlichkeit nicht zurückschreckte, solange sie einen Rock trug. Leporello dachte an alles: im Sommer die Magere (magrotta), im Winter die Fette (grassotta), die alten Schachteln übers ganze Jahr, um des Vergnügens willen, sie auf der Liste zu haben.

Da Ponte sei somit ganz unverkennbar ein Mistkerl gewesen. Er legte Leporello die Überzeugung in den

Mund, der wahre Platz der Frau finde sich im Energiekreis eines erigierten Erlösers. Mozart habe sich in gewisser Weise mitschuldig gemacht, indem er seine himmlische Indifferenz aufbot, um diese dubiose Episode aus dem Geschlechterdrama ins Unsterbliche zu versetzen. Cento in Francia! Die Beleidigung sollte Folgen zeitigen. Das zweite Geschlecht jenseits des Rheins wartete das 20. Jahrhundert ab, um sich für die Flüchtigkeit von Don Juans Interesse an ihm zu rächen!

Sloterdijk schien nicht zu bemerken, daß die Kollegen ihn nur aus Höflichkeit weitersprechen ließen. Er beharrte auf der Linie seiner Abschweifung.

Leporellos Buchführung, legte er dar, sei letztlich überflüssig, sobald man das Hinsehen und das Berühren so nahe aneinanderrücke, wie es der phallischen Psyche entspreche. Sei nicht das Auge auch ein Tastorgan? Jeder Besuch in der großen Stadt könne es belegen. Begeben Sie sich am Morgen an den Atocha-Bahnhof von Madrid oder an die Puerta del Sol gegen Sonnenuntergang. Binnen einer Stunde ziehen so viele Passantinnen im Vollbesitz der stimulierendsten Geschlechtsmerkmale vorüber, berufsbedingt eilig oder im Promenierschritt des madrilenischen Abends, daß einem schwindlig würde, wollte man jeder einzelnen Erscheinung gerecht werden. Eine jede von ihnen ergebe ein besonderes Versäumnis. Natürlich rufe man nur selten einer Davongeeilten hinterher: »Oh du, die ich geliebt hätte, oh du, die es wußte.« Man bleibe mit zahllosen stummen Liebeserklärungen allein. Die Ziffer eintausendunddrei sei ein Symbol für vergebliche Geständnisse.

Mösenlechzner fügt diesen Überlegungen aus der Sicht seiner Disziplin hinzu: Don Juan wisse von Frauen im Grunde genommen äußerst wenig, ja, er wolle von ihnen nichts wissen, ausgenommen, daß sie sich in Serie einbilden, sie wären die Person, nach welcher er, der ewig Unruhige, bisher erfolglos auf der Suche war. Was man Verführung nennt, weise stets die Form einer Transaktion auf, in der zwei Spekulationen ineinandergreifen. Der Mann nimmt es hin, wenn die Damen ihn auf der Stelle erlösen möchten, damit er sie ihrerseits erlöse, und die Frauen lassen geschehen, daß der Held ohne Präludium zur Fuge übergeht. Der Verführer und die Verführten haben sich gegenseitig nichts vorzuwerfen, die Einsicht vorausgesetzt, es sei ebenso unsittlich, eine Frau zu entfesseln, wie einen Mann erlösen zu wollen.

Immer noch Sloterdijk, der sich wiederholt: Bei Leporellos Register handle es sich also nur scheinbar um eine Liste sexueller Zwischenfälle, vielmehr um ein Schema von Vorkommnissen, in denen das Wissen vom Femininum sich erweitert. Wissen dieser Art sei vom physischen Berühren weitgehend unabhängig. Die angefaßte Frau unterscheide sich von der nicht-angefaßten in viel geringerem Maß, als man vermutet.

Hier könne im übrigen die Erinnerung an die sonst immer suspekte Unterscheidung von sex und gender am Platz sein. In der Regel genüge das Hinsehen und Hinhören, um Bewegung in das Korpus von Frauen-Kenntnissen zu bringen.

Somit bilde »Gynäkologie«, als unspezialisierte Rede von »der Frau« oder »den Frauen«, in allen Kulturen eine massive Schicht des Volksvermögens an Vorurteilen. Für die männliche Seite gilt das nicht anders als für die Frauen selbst. Es gibt eine Gynäkologie des Pausenhofs und eine des Bistrots, eine Gynäkologie der Fabrikhalle und eine des Parteitags, eine Gynäkologie des Freibads und eine der Sommerfestspiele (beide stark decolletérelevant), eine Gynäkologie der Einkaufszone und eine der Frauenmagazine. Die Varianten lassen sich mit Hilfe von Tiefeninterviews und Medien-Exzerpten objektivieren. Frauenbezügliche Sprachspiele beziehen sich, vage enzyklopädisch, auf den Gesamtumfang des fait féminin als Teilmenge des fait social.

Alle Teilnehmer am Gespräch sind sich darin einig, daß im Gedränge des Geredes von den femininen Dingen ein hoher Faktor von Fehlurteilen mitläuft. Es scheine, das Thema »Frau« lade von sich her zur Prahlerei, zur Polemik, zum Delirium ein. Wenige Gegenstände menschlichen Gesprächs dürfte es geben, die den Inhabern von Meinungen so sehr die Neigung zur Unsachlichkeit aufprägen. Die Tendenz gehe weit über das hinaus, was man unter Voreingenommenheit versteht. Bei diesem Gegenstand brechen sich Kräfte Bahn, die für eine elementare Tendenz zur Verzerrung zeugen. Fast müßte man eine »Leidenschaft der Themaverfehlung« annehmen. Mösenlechzner betonte die nahezu unwiderlegbare Beharrungskraft der frauenbezogenen Stereotypen. Deren Wahrheitsgehalt solle man trotzdem nicht zu niedrig veranschlagen. Nicht selten besitzen sie die Eigendynamik von Prophezeiungen, die sich selbst wahr machen. Wie man daherredet, so trifft es früher oder später zu.

Frau Stutensee macht geltend, analoge Beobachtungen gälten auch für die Reden über Mann und Männer. So wie es keine agynäkologische »Gesellschaft« gebe, so auch keine andrologiefreie. Auf dem Feld der geschlechtlichen Differenz herrsche der permanente Bürgerkrieg aus Reden, Gegenreden und Gegengegenreden. Gender und Sex haben gemeinsam, daß sie Großreiche des Halbwissens bilden, verschanzt hinter nahezu uneinnehmbaren Stellungen.

Im Gegensatz zu den kuranten Varianten des Redens über Frauensachen gebe es in der westlichen Zivilisation eine einzige Form von Diskurs über die Weiblichkeit, die sich von vorneherein dem Volkswissen und seinen pathologischen und satirischen Motiven entzieht. In ihr wird die weibliche Tatsache aus ontologischen Prinzipien und (wo solche sachlich nicht verfügbar sind) aus naturgeschichtlichen Begriffen konstruiert. Diese Beobachtung trifft ausschließlich auf die von Schelling geprägte Naturphilosophie des Deutschen Idealismus zu, die einen engen Bezug zum gleichzeitig aufkommenden Evolutionismus aufweist.

Bekanntlich gehen deren Anfänge auf die um 1800 erfolgte Distanzierung Schellings von seinem Mentor Fichte (1762-1814) zurück. Schellings »unsterbliche Einsicht« habe, so unsere These, darin bestanden, daß er der Fichteschen Aufdeckung des sich selbst erzeugenden (»setzenden«) Ich eine materielle Geschichte vorschaltete.

Fichte hatte entdeckt, das Ich verhalte sich wie ein Model: Zuerst posiert es, dann erteilt es der Reflexion das Recht, es abzulichten. Die Pose muß vollzogen sein, die Bilder folgen. Das setzt voraus, daß das Ich sich kennt, bevor es etwas aus sich macht. Seine erste Geste ist nicht die Reflexion, sondern eine Selbst-Bestätigung. »Ich bin mit mir bekannt, also mache ich mich; ich mache mich, also bin ich.«

Schelling nun wollte noch einen Schritt weiter gehen: Er brachte eine Naturgrundlage der Ich-Setzung (des Posieren-Könnens) ins Spiel, ohne welche alle Ausdrücke wie »Ich«, »Selbst«, »Subjekt–Objekt«, »Seyn«, »Leben« und dergleichen ins Unbegreifliche entgleiten. Damit ich die Pose des Ich-Seins ausführe, muß schon etwas an mir sein, das sich aus Eigenem regen kann. Als Angehöriger der Natur bin ich schon da, bevor ich da bin. Ich scheine das Nadelöhr zu sein, durch das die Wahrheit passieren muß, sofern sie an den Tag kommen will. Ist es ein Wunder, daß sich vor meinem Ich Warteschlangen bilden?

Für unser Projekt sei Schellings ursprüngliche Einsicht unentbehrlich. Sie stützt sich auf das Argument, wonach für das Dasein-Können eines Ich ein nicht-ichartiges Etwas vorauszusetzen sei – man nenne es Organismus, Leib, empfindungsfähigen Körper, Existenz, Natur, innere Wärme, Wille, Ausdehnungsdrang oder wie auch immer.

Ein Etwas dieser Art kann aus einer Funktionsgemeinschaft von Billionen Zellen bestehen. Im übrigen ist »Zelle« eine architektonische Metapher, die von der religiösen Sphäre in die Biologie überging. Sie ist etwas, worin ein Mönch haust, einer separaten Substanz vergleichbar. Zahllose Zellen wollen eine Gemeinschaft bilden, einem überfüllten Kloster ähnelnd, dessen Plenum zu einem ich-gewordenen Leben betet.

Das Etwas, das den lebenden Organismus ausmacht, fiebert von Urzeiten her dem Erwachen in einem subjektiven Lokal entgegen – ob man es Bewußtsein nennt oder Ich oder Selbst, spielt vorerst keine Rolle. Das dunkle Vor-Ich trägt bei Schelling den scheinbar verbrauchten, in Wahrheit strahlend renovierten Namen: Natur. Folglich müsse die Natur als etwas aufgefaßt werden, das seit unvordenklicher Zeit unterwegs sei zum Zu-sich-Kommen in einem ich-haften Brennpunkt.

Ein solcher Punkt könne immer nur jeweils »in mir« aufleuchten. Den ich-artigen Fokus dürfe man je nach Rahmen, Milieu, Epoche und Belieben »Bewußtsein«, »Seele«, »Christ«, »Atman«, »Psyche«, »Götterfunke«, »Mikrokosmos«, »Dasein« oder »Weltsammelstelle« nennen. Was in bezug auf den animalischen Körper »Warmblütigkeit« heißt, entspricht in bezug auf das Wärmezentrum des Seins dem Gefühl, dazusein. Was spürt, daß es da ist, lebt als ein ontologischer Warmblüter, als ein Er, als eine Sie oder als ein Mittleres. Über Millionen Jahre heizt die Evolution die Zustände des Innenseins auf. Die übrige Welt reagiert darauf, indem sie die Einladung zur Vorstellung beim wohltemperiert irritierbaren Inneren akzeptiert.

Pathetische Wendungen sind jenseits der kritischen Schwelle nicht zu vermeiden. Im Menschen, nimmt man ihn philosophisch ernst, schlägt die Natur, als unbewußte, unvergangene Vergangenheit, die Augen auf: Durch diese Optik sieht sie in sich selbst hinein und läßt ihre Blicke über die maßlose Ganzheit schweifen, die sie für sich und an sich darstellt. Ist sie dann fassungslos, so kommt sie sich endlich und wirklich nahe. Im Entsetzen, dem dunklen Modus des Staunens, findet das Denken zu seiner Sache. Schelling spricht gelegentlich von einem »namenlosen Schrecklichen in der Natur«.

Der Mensch sei das Mittel zur Autopsie der Natur. Er ist das Auge des Seins und zugleich seine Blende. Dem aufgegangenen Auge muß es grauen vor dem, was es erblickt, denn was es vor sich hat, ist fürs erste die unermeßliche Wüste Vergangenheit. Sein ist die Summe der Siege und Niederlagen der gewesenen Freiheit. Es hätte auch alles ganz anders werden können, aber jetzt ist es, wie es vorliegt.

Im Menschen schämt die Natur sich für sich selber. Die Scham ist die stille Korrekturleserin am Buch der Natur. Wie konnte ich nur der Neigung nachgeben, mich aus der Natur zu erklären?

Das alte Sein wird exzentrisch, seit es sich auf die Menschwerdung eingelassen hat. Es stellt sich in zunehmendem Maß neben sich: Soll ich für immer sein und bleiben, was ich war? Wird nicht die Seins-Blamage, je länger sie dauert, immer unerträglicher? Kommen Sein und Verkommensein nicht letztlich auf eins hinaus? Sollte ich mit dem Sein überhaupt jemals etwas zu tun gehabt haben?

Ich, Sproß der Natur, distanziere mich hiermit von dem, was ich bis zu diesem Augenblick gewesen bin. Sollen die Seins-Trolle sich aufführen, wie es ihnen in den Sinn kommt. Ich möchte in Zukunft auf die andere

Seite gehören, ich laufe ins Lager der freien Aufgaben über. Ich will nicht daliegen wie ein Müllsack auf der Seins-Halde. Ich will anders sein als das Sein.

Das soll besagen: Es liege nur an der Denkungsart des Menschen, ob er von der Natur bloß das Gewesene, Fertige, zu Boden Gesunkene in Augenschein nimmt und sich vor ihm wie vor einer Übermacht verbeugt oder ob er sich aufschwingt zum Mitwisser vom Leben, das sich weitergebiert, das heißt, das nicht aufhört, sich von sich zu trennen.

Mit dem Gesagten sei das Entscheidende aber noch immer nicht ausgesprochen. Die wahre Genialität der Natur zeige sich in ihrer unvordenklichen Neigung, mit sich unzufrieden zu sein. Es ist der Virus des Geistes, der das Natürliche gegen sich aufbringt. Der Geist setzt den Bürgerkrieg in Gang, den die Natur gegen sich anzettelt, indem sie durch Zeichen, Askesen und Techniken den status quo herausfordert. Leben ist nicht bloß Flucht nach vorn, es ist vor allem Flucht nach oben.

Das umrissene Projekt nimmt seinen Ausgang von der weitgehend unbemerkten Tatsache, daß Schelling als der Urheber des logischen Feminismus angesehen werden muß. Seine frühreife Naturphilosophie, die in den späteren Phasen seines Denkens unter mythologischer Spekulation verschüttet wurde, war ganz wesentlich eine globale Gynäkologie gewesen. Sie identifizierte die Natur als eine geistnahe Gebärkraft, stets regressionsgefährdet, aber auch oft bereit zur Erhebung ins Unglaubliche. Was man das Böse nennt, sei die Neigung der Natur, durch trotzige Trägheit unter ihr Niveau zu gehen. Das Böse ist die Regression, die sich als Position präsentiert. Sie glimmt in uns wie ein »eingeschlossenes Feuer«.

Aus dieser Sicht war Schelling ebenso der Miterfinder wie der Mitentdecker des Evolutionsgedankens. Für ihn enthielt der damals noch neue Begriff »Entwicklung« eine so atemberaubende Erneuerungskraft, daß neben ihr alles übrige ins Zweitrangige versank.

Offensichtlich war Schelling der erste, der begriff, daß alles im Modus Leben Existierende nur durch seine Position im Verlauf seiner Werdensbahn zu verstehen sei. Es gibt nichts Wirkliches, das nicht aus dem Stadium seiner Entwicklung erklärt werden müßte. Ob man jemals genügend wissen wird, um über das Werden eines Einzelnen umfassend Auskunft geben zu können, ist eine Frage geringerer Ordnung.

Mit dem Auftritt des jungen Schelling verwandelt sich die Philosophie in Universal-Gynäkologie. Daß die Natur die Summe ihrer Ausgeburten darstellt, hatten Denker von Statur schon vor Schelling auf den Begriff gebracht. Es genüge hier, Plato, Aristoteles, Cusanus, Spinoza und Leibniz zu nennen. Für sie bedeutete die Physis alias Natur ein Inventar der hervorgebrachten und verbuchten Wesen.

Schelling wollte sich mit dem Hervorgebrachtsein des Hervorgebrachten nicht zufriedengeben. Mit einem denkerischen Übermut ohnegleichen ließ er sich ins Unfertige fallen. Jenseits des Gewordenen und Vorliegenden witterte er im Material der aus der Vergangenheit herangereichten Gegenwart das Ungewordene, Potentielle, Dringende. Es verlangte ihn danach, in die Matrix der Hervorbringungen abzusteigen und dabeizusein, während die Kreaturen sich emporbilden, jenseits von allmählichem Entstehen und plötzlichem Hervorschießen.

Was wir »Schelling-Projekt« nennen, ist der Versuch, zu den Gründen, Abgründen und Un-Gründen des Werden-Wollenden zurückzugehen und es im Hinblick auf das Rätsel der sexuellen Evolution nachzuvollziehen, namentlich auf der weiblichen Seite.

Der Abstieg ist unentbehrlich, sobald man vorhat, dem Aufstieg zu den Spitzen der Entwicklung gerecht zu werden. Die Differenz unseres Vorhabens zu gleichzeitigen Ansätzen der Wiederbelebung von Naturphilosophie und spekulativer Physik liegt darin, daß wir den Aufstieg nicht nur als Erhebung der Existenz in das sich selber denkende Denken auffassen, wie es von alters her in den intellektualistischen Auffassungen von Philosophie (apex theoriae, Gipfel der Schau) üblich war.

Der Aufstieg sei nicht bloß eine Angelegenheit des Selbst- und Welten-Erkennens; er äußere sich ebenso in der sinnlichen Selbstaffektion des Organismus. Das sexuelle Erleben werde so zu einem Gegenstand der Philosophie – jenseits der Skizzen zu einer Metaphysik der Geschlechtsliebe, mit denen Schopenhauer einen robusten Anfang gemacht hatte. Betroffen sei von dieser Promotion des Sexuellen vor allem das Erleben der Frau, da, wie bekannt, der weibliche Aufschwung bei halbwegs günstigen physiologischen Prämissen und unter ausreichend kenntnisreicher Stimulierung die Höhepunkterfahrungen der männlichen Seite um ein Vielfaches übertrifft.

Auf den ersten Blick könnte dies unplausibel erscheinen. Der Einwand drängt sich auf, es sei doch die männliche Seite, die von alters her dazu disponiert sei, in erotischen Dingen die Initiative zu ergreifen. Wenn zur aktivierten Mannheit visuell unmißdeutbare Komponenten gehören, so wäre die Vermutung naheliegend, daß diesen auch im Kopulationsgeschehen die erste Stelle zukommt, organisch und erlebnismäßig. Erektion und Ejakulation sind maskuline Klassiker, während beim weiblichen Genießen eine Art von Halbdeutlichkeit in der Natur der Sache liegt. Es gebe sogar gute Gründe, von einem lichtscheuen Entweichen der Frau in unbeobachtbare Ekstasen zu sprechen. Nichtsdestoweniger ist die Überlegenheit des weiblichen Sexualerlebens gegenüber dem männlichen nicht leicht in Abrede zu stellen. Um die tiefengynäkologische Wende der Philosophie im Denken des Deutschen Idealismus zu würdigen, soll der Fortgang der natürlichen wie der sozialen Evolution unter dem Aspekt der Orgasmogenese untersucht werden.

Kurzum: Ist die Korrektur des intellektualistischen Vorurteils erst einmal in Gang gebracht, spricht viel dafür, die Hochlagen des Welt- und Selbstverstehens bei Wesen des Typus homo sapiens modernus nicht mehr allein in den Gipfelerfahrungen der theoretischen Reflexion, der religiösen Ergriffenheit oder der Kunstbetrachtung zu suchen, sondern vielleicht mehr noch in den sinnlichen Ausnahmezuständen, die im Rahmen sexueller Handlungen auftreten, seien sie autoaktiv oder interaktiv veranlaßt.

So wie jede nicht ganz abgestumpfte Intelligenz gelegentlich die Evidenz des Gottesbeweises aus der

Kontemplation über die ontologischen Grenzbegriffe (Gott, Sein, Absolutes, Universum, Nirvana) erfahren haben sollte, ohne die skeptischen Momente zu bestreiten, in denen sich Evidenzen solcher Art zersetzen; und wie jedem Kunstbetrachter in einem glücklichen Augenblick der Zugang zum Gottesbeweis allein aufgrund des Werks offenstehen sollte (ohne daß man den Machwerk-Charakter der Kunst in Abrede stellte) und wie jedem moralisch kompletten Individuum ein Gottesbeweis aus der Anteilnahme des Mitmenschen gewährt werden sollte (ohne daß man die neuronalen Grundlagen der Empathie leugnen müßte), so sollte auch jedem Einzelnen der Aufstieg zu dem Gipfel des neuronalen Gottesbeweises ermöglicht sein, den die Biologen den Orgasmus nennen – unnötig zu betonen, daß man diesen ebensogut aus der Neurodynamik der kopulationspflichtigen Organismen, namentlich in der Gruppe der Mammiferen, herleiten kann.

(Der Ausdruck »Gottesbeweis« sei hier selbstverständlich analogisch zu verstehen. Er bezeichnet Momente, in denen der Verstand unfähig ist, eine dichte Wahrscheinlichkeit von einer stabilisierten Wahrheit zu unterscheiden. Immerhin, wer Gott nie für plausibel hielt, wenn auch nicht für bewiesen, müsse ein toter Pfosten sein, wer ihn als eine gegebene Tatsache auffaßt, ein Simpel.)

Der sinnliche Höhepunkt solle nicht bloß ein einziges Mal auftreten, sondern sich in vital sinnvollen Intervallen wiederholen können. Man müsse ihm, wie einer erneuerbaren Energie, eine von Vorsicht umspielte Erwartbarkeit zugestehen. Das glückliche Bewußtsein

gründet im Ausblick auf die Wiederholbarkeit gipfel-
hafter Zwischenfälle. Moderne Europäer neigten dazu,
dies zu ignorieren, obschon sie, mit zweitausend Jahren
Welt- und Lebensverneinung im Rücken, inzwischen
nach bejahenden Augenblicken süchtig geworden sind.
Durch miserabilistische Traditionen seien sie darauf
geprägt, das unglückliche Bewußtsein zu überhöhen
und auf das glückliche wie auf eine Kinderei herab-
zublicken. Das glückliche Bewußtsein, in seinen der
Öffentlichkeit entzogenen Nischen, vergewissert sich
seiner nicht-illusionären Qualität durch die Zuversicht,
daß schöne Momente die Neigung haben wiederzukeh-
ren.

(Zusatz der Schriftführerin:

»Wenn im Obenstehenden mehrmals nacheinander
der Ausdruck ›sollte‹ verwendet wurde, stellt das nicht
eine stilistische Ungeschicklichkeit dar, für welche die
Protokollantin verantwortlich wäre. Sie spiegelt das Ergebnis der Debatte wider, wonach, wie die Redner betonen, das »Sollen« eine Instanz ist, die zwischen Pflicht-
erfüllung und Höhepunkterleben vermittelt. Das Wie-
dererreichen eines als möglich erwiesenen Höhepunkts
sei gleichbedeutend mit dem Gehorsam in bezug auf
die Pflichten, denen freie Geschöpfe gegen sich selbst
unterworfen sind.«)

Bei Gipfelerfahrungen wird der Unterschied zwischen System und Anekdote bedeutungslos. Damit der
Pfeil ins Blaue fliege, haben Bogen und Sehne bereitzu-
stehen. Entfallen Millionen Jahre auf die Vorbereitung,
genügen dem Ereignis wenige Sekunden. Es gehört zur
Eigenart des höhepunkthaften Erlebens, daß hier und

jetzt und wie zum ersten Mal etwas geschieht, das einem Wunder am eigenen Leibe gleicht. Dem steht fürs erste seine Unwiederholbarkeit auf die Stirn geschrieben. Daß es dennoch wiederkehren kann, als Neu-Wunderbares und Vertraut-Unglaubliches, beweise: Es existiert ein System an Voraussetzungen, die das von sich her Einmalige auf immer wieder abrufbare organische Prämissen stellen. Dies meint der modernisierte, philosophisch hochgestimmte Begriff der Natur. Was wir Natur nennen, ist in ihrem sensitivsten Punkt der Roman der Orgasmogenese (von der Noogenese und ihrer Fortführung in der Egogenese bzw. im Phänomen des wachen Bei-sich-Seins sehen wir hier ab).

Die so verstandene Natur, die von weit her unterwegs ist zum Bewußtsein, erzeugt nicht nur das viel umrätselte Phänomen des Vertrautseins mit sich, den vormals so genannten inneren Sinn, der in den kontinuierlichen Selbstberührungen des innervierten Körpers einen seiner Gründe findet; sie produziert auch, abseits jeder Vertrautheit mit sich, die Möglichkeit, sich selbst zu überwältigen, als wäre Lust kein Privatvermögen des Ich, sondern bräche wie ein endogenes Gewitter über es herein. (Im übrigen existiert der Übergang von ruhiger Ur-Vertrautheit mit sich in Überwältigung durch sich auch unter negativem Vorzeichen. Das Panik-Ich impliziert die Entdeckung, daß man auch in äußerster Angst nicht aus sich herauskommt. Bei Panik ist das Selbst in sich gebannt wie der Passagier in ein abstürzendes Flugzeug.)

Das Problem, das unser Unternehmen antreibt, enthüllt sich somit erst ganz am Ende der ausgeführten

Überlegung. Man könne es in die Frage fassen: Warum verlieh die Natur eine so mirakulöse Prämie für etwas, woran, wenn Fortpflanzung sein soll, ohnehin kein Weg vorbeiführt?

Minima Schellingiana

(Zusatz der Schriftführerin:

»Die Gespräche hatten um 17 Uhr c. t. begonnen. Ihr Ausklang kündigte sich gegen 20 Uhr an, als die Teilnehmer der Runde zu anekdotischen Hinweisen auf Kuriosa und Trivia aus Schellings erster Münchener Periode übergingen.«)

In bezug auf Schellings mittlere Schaffensperiode sei zu bemerken, daß der Philosoph, damals 34jährig, nach dem plötzlichen Tod seiner ersten Frau, Caroline Michaelis-Böhmer-Schlegel (die 12 Jahre älter gewesen war als er) im Jahr 1809, zeitlebens in einem hypochondrisch verschatteten Zustand verharrte. An ihm trat die seit Aristoteles bekannte Allianz von Genie und Schwermut (Problemata Physica XXX, 1) in überdeutlicher Ausprägung hervor. Zeitweilig aufgehellt wurde seine Melancholie durch die Gründung einer Familie, aus der zwischen 1813 und 1824 sechs Sprößlinge hervorgingen. Es kamen herausragende berufliche und gesellschaftliche Erfolge hinzu: Schelling wurde im Jahr 1812 durch den König von Bayern, Maximilian I., in den Adelsstand erhoben. Aufgrund seiner Mitgliedschaft an der Bayerischen Akademie der Wissenschaften genoß er starke Privilegien, unter denen die Befreiung von Lehrverpflichtungen ins Gewicht fiel.

Was ihn nach der Katastrophe am Leben hielt, war eine rastlose, obschon ergebnisscheue Aktivität, die man in heutigen Begriffen umstandslos als neurotisches Ausweichen in die Arbeit diagnostizieren würde. Der Zwang zum Leben im Modus Flucht nach vorn war ihm selbst klar bewußt: »Dem Tätigen hilft Gott und sieht ihm vieles nach. Es ist unglaublich, wie viel schon in dem Tätigsein an und für sich liegt.«

Frau zur Lippe weist darauf hin, Schelling habe sich von jungen Jahren an als Arzt verstanden, ob als Hausarzt für einzelne oder als Weltarzt für die entfremdete Gesellschaft. Sein Organismus-Gedanke habe die romantische Medizin befeuert. Deren Impulse erwiesen sich als bis heute unerledigt. Sie wirken nach in den komplementären Medizinen, die sich in unseren Tagen erneut Achtung verschaffen. Therapeutische Erfolge in eigener Sache waren dem jungen Philosophen nicht gegönnt, im übrigen auch nicht als Heiler in fremder Sache: Nach dem Tod einer Patientin, an der er sich als Naturphilosoph dilettierend versucht hatte, zog er den Spott der Presse auf sich: Man werde bei ihm idealisch behandelt und sterbe reell. Die Angehörigen der romantischen Generation sahen in ihm hingegen einen begnadeten Generalisten, der die organische Sphäre in permanenter Trächtigkeit und Gärung begriff. Der Weg zum Geist sei durch ein erhabenes Nervöswerden der Materie eröffnet worden. Die Abenteuer der Irritabilität erwiesen sich als unbeendbar, und die Brände, die durch den Blitzeinschlag des Geistes in die Materie entzündet wurden, loderten für alle Zeit weiter.

Schellings Fähigkeit, sich über den Tod Carolines zu trösten, war zu seinem Vorteil gut entwickelt. Nach einer Phase exzessiver Trauer, während welcher er das

Buch »Clara« verfaßte, eine Art von offenem Brief aus dem Jenseits, nahm er bald eine erotisch animierte Korrespondenz mit einer anmutigen jungen Dame auf, Pauline Gotter, Sprößling einer renommierten thüringischen Familie, die intuitiv verstanden zu haben schien, wie leicht Trost und Verführung ineinander übergehen.

Die Kalender Schellings aus jener Zeit vermerken einen erhöhten Konsum an Alkoholica; der Philosoph notiert die Preise für den baierischen Eimer Bier sowie die reichlich gelieferten Bouteillen und Wein-Krüge; er hält auch die Ausgaben für das Holz zum Beheizen des Arbeitszimmers fest. Dann verschenkt er nach und nach die Reliquien der Verstorbenen, ein Kleid, die Ohrringe und schließlich den Schal, der an die Künftige gehen sollte.

Im Juni 1812 wurde erneut geheiratet. Schelling und seine junge Gattin bezogen eine geräumige Wohnung am Münchener Karlstor, nachmals unter dem Namen Stachus als einer der verkehrsreichsten Plätze Deutschlands bekannt, zu jener Zeit noch eine noble Stadtrand-Idylle.

Hier war man dem Philistertum der bayerischen Hauptstadt entrückt. Vom Salon aus genoß man einen Panoramablick auf die Alpen, die sich je nach Wetterlage in die Ferne zurückzogen oder als wohlmeinende Halluzinationen bis an die Außenbezirke der Stadt heranrückten. Das junge Paar muß diese Wanderungen der Alpen wie ein Emblem ihrer unerwartbaren und unentbehrlichen Beziehung genossen haben. Pauline liebte den Blick aus dem Fenster und nannte die mobilen Alpen »die wahren Berge Gottes«.

Schellings ärztliche Ambitionen äußerten sich neuerdings darin, daß er bei Pauline den Monatszyklus fürsorglich beobachtete. Ohne vorherige Anfrage hatte er ihren Unterleib als Objekt der Naturphilosophie aquiriert. Daß es zu jener Zeit noch keine Fieberthermometer gab (sie kamen erst gegen Ende des 19. Jahrhunderts in Gebrauch), kann ihn nicht beunruhigt haben. Er war erfüllt von der Überzeugung, hinsichtlich der Frauengeheimnisse gebe es keinen sensibleren Detektor als den Mittelfinger eines liebenden Organologen. Seine kruden Befunde trug er auf deutsch, doch mit hebräischen Lettern, in seinen Kalender ein.

An manchen Tagen notierte er das Wort »Rucker«, einen schwäbischen Kraftausdruck für den raschen Ritt ans eheliche Ziel. Er muß geahnt haben, daß seine junge Frau die überschüssigen Gedanken des Amateurgynäkologen mißbilligt hätte. Ob sie wirklich nichts bemerkte oder sich nur so gab, als sähe sie über seine weiberwissenschaftlichen Grillen hinweg, läßt sich nicht in Erfahrung bringen. Auch ist nicht zu ermitteln, ob Schelling bei seinen Untersuchungen an der Gattin auf die zeitübliche Geruchsdiagnostik zurückgriff. Zweifel hieran sind erlaubt, denn das Verfahren hätte langjährige Expertise vorausgesetzt. Ob er diese mit seiner früheren Frau Caroline erworben haben könnte, liegt im dunkeln.

Unbefangen genug wäre Caroline hierfür ohne Zweifel gewesen, aber da in diesen Dingen der Vergleich die Seele der Empirie ist, hätte eine monogame Ehe keinen geeigneten Nährboden für eine solide Ausbildung geboten. Die Frauenärzte von damals stützten sich faute de mieux auch auf die Unterscheidung der vaginalen Aromen. Heute habe man völlig vergessen, daß die vormoderne Gynäkologie wie auch die ältere Urologie eine Angelegenheit der nasalen Urteilskraft gewesen sei. Übrigens spielten zu jener Zeit die Genitaldüfte der Frau auch in erotischer Hinsicht eine prominentere Rolle als im hygienisch abgeklärten Heute. Mösenlechzner zitiert etwas sarkastisch den Brief Napoleons an Josephine, »Madame, waschen Sie sich nicht mehr, ich komme in wenigen Tagen nach Hause.«

Im Oktober 1812 erlitt Pauline, im dritten Monat schwanger, nach einem Sturz auf der Treppe eine Fehlgeburt. Ein Todesfall im engeren Familienkreis – Schellings Vater war gestorben – hatte dazu beigetragen, die Stimmung in dem jungen Münchener Haushalt zu verdüstern. Der Rückschlag traf die junge Familie tief, doch war man willens, erneute Anläufe zu unternehmen.

Daß die Versuche der Natur, Leben zu schaffen und zu erhalten, nicht selten scheitern, war damals sehr viel evidenter als in gegenwärtiger Zeit. Man blieb verpflichtet, positiv zu denken. Positives Handeln war die notwendige Folge. Schelling unterließ nichts, um der gestrauchelten natura naturans eine neue Chance zu geben. Zwei Generationen später notierte Nietzsche, ein verheirateter Philosoph gehöre in die Komödie. Für Scherze dieser Art hätte Schelling kein Verständnis aufgebracht. Auf der Flucht vor den Seelenschatten läßt auch der promovierte Freund der Weisheit einiges links liegen. Keucht er für einige Minuten auf seiner jungen Frau, mag er denken, die Natur handle durch ihn.

Im Frühjahr 1813 sei erkennbar geworden, daß Pauline erneut schwanger war. Das Kind kam im Dezember zur Welt, man nannte es Paul, zu Ehren des dreizehnten Apostels. Paul sollte später an der Edition der Werke seines Vaters mitwirken. Die Geburt sei vergleichsweise leicht verlaufen. Schelling hatte seine verwitwete Mutter zu Hilfe gerufen und sie dazu bewogen, für eine Weile bei der jungen Familie in München zu wohnen. Sie war zur Stelle, als das Kind ans Licht kam. Eine Hebamme tat das Ihre. Schelling blieb in der Nähe und sah aufgewühlt zu, wie sich in Paulines Öffnung die Schöpfung wiederholte. Er ging im Geburtszimmer auf und ab, jubelnd, betend, Schlüsse ziehend, als Ehemann im Innersten erhoben und als Denker bestätigt.

In der Tat, der Mensch ist der Mitbesitzer des Ursprungs. Hatte der Philosoph nicht in seinem Fragment über die »Weltalter« doziert, der Mensch sei ein Zeitgenosse der Schöpfung? Nun fühlte er, wie es zugeht, wenn ein denkendes Wesen mit der Natur den Bund fürs Leben geschlossen hat. Er glaubte, er habe den Punkt gefunden, an dem Denken und Heiraten eins werden.

Immer noch ganz der Arzt in den Wolken, eingeschworen auf die dunstigen Diätlehren der Zeit, wollte er seiner Frau das Stillen untersagen. Er sah vorher, der Anblick von Paulines Brüsten nach der Stillphase werde seine Depressionen verstärken. Die junge Frau aber ließ sich das Vorrecht nicht nehmen, den ersten Sohn mit eigener Milch zu nähren. Daß ein Philosoph gelegentlich zu abstrakt denkt, sei auf sein erschöpfendes Metier zurückzuführen.

Pauline war von jungen Jahren an entschlossen, sich duldsam zu geben, komme, was wolle, sosehr ihr Schellings fürsorgliche Pedanterie gelegentlich auf die Nerven ging. Was hätte sie sonst tun sollen? Die Milch schießt ein, wer Mutter ist, hat das Vorrecht zu strotzen. Was weiß ein Philosoph von Milch, die aus mir kommt? Hat er denn eine Vorstellung davon, wie es ist, wenn man überläuft? Das Überquellen von innen ist eine erste Bewegung.

Bei einem geistreichen Mann läuft vielleicht ebenfalls etwas von innen her über, wovor man Achtung haben darf. Auf seine Weise kennt auch er ein Zuviel. Moses hatte vorzeiten mit dem Stab gegen den Felsen geschlagen, und die Quelle brach hervor. Pauline hatte geduldet, daß Schelling aus ehelicher Pflicht bei ihr ans Tor der Natur klopfte. Sein Mosesstab hatte seine Aufgabe erfüllt. Nun war sie selber zum Brunnen geworden.

Mit der Zeit spürte sie, wie ihr Gatte sich zunehmend im Wege stand. War sie aber mit dem Grund seiner Stagnation nicht am besten vertraut? Wußte sie nicht, mitfühlender als irgendwer, daß die Seele des Denkers eine Gruft ist? Hatte sie nicht eingewilligt, daß man die im März 1817 geborene Tochter Caroline nannte, zu Ehren der Unvergeßlichen? Und war der Taufname des nächsten Kindes, Clara, nicht eine erneute Verbeugung vor der Anderen, der Toten? Eine schöne Seele wird noch schöner, sobald sie ihrer bestatteten Vorgängerin die Reverenz erweist. Pauline hielt still und glaubte, was die innere Stimme ihr sagte. Sie sah keinen Grund, an ihrer Ebenbürtigkeit mit dem großen Mann zu zweifeln. Solange ich lebe, heiße auch ich die Natur.

Ab ovo

(Zusatz der Schriftführerin:

»Am folgenden Vormittag setzt die Runde ihre Besprechung vom Vorabend fort. Man nahm sich vor, einige undeutliche Paragraphen des Projektantrags durchzugehen.«)

Schelling habe gewußt, daß man einen Ausdruck wie »die Frau« nicht aus Prinzipien herleiten kann. Was sich nicht ableiten läßt, davon muß man erzählen. Der Rivale Hegel, das stand ihm klar vor Augen, täuschte Ableitungen vor, wo es keine logischen Übergänge geben konnte. Nach Art der Zauberer sonnte er sich im Erfolg hohler Demonstrationen. Hegels Selbstgewißheit war ein Ärgernis, menschlich nicht anders als philosophisch. Seine Suggestionen kündigten Zeiten weltgefährlicher Verwirrung an. Es erbitterte Schelling, mit ansehen zu müssen, wie Hegel die jungen Intelligenzen verführte, indem er sie dem besseren, dem positiven Wissen entfremdete. Schon damals trabten die Jungen gern auf dem hohen Roß des Begriffs über die Ebene der Empirie und wollten das armselige Wirkliche zu ihrer Großartigkeit erheben.

Der größte Gegenstand, von dem man aufgrund seiner Unableitbarkeit erzählen muß, sei freilich, abgesehen vom Gestaltwandel der Götter, die Geschichte der Ei-Ablage. Sie ist fast gleichbedeutend mit der Geschichte des Lebens jenseits der Einzeller.

Damals, in einer Zeit vor aller Zeit, hat das Leben eine Affaire mit der Zahl Zwei begonnen. Was ist das höhere Leben anderes als ein Gewitter, bei dem aus der Wolke Zweiheit jähe Blitze fallen?

Erst in unseren Tagen deutet von weitem ein mögliches Ende des Sturms sich an, seit man vom Klonen und von anderen biologischen Utopien redet. Wenn die neuen genetischen Techniken auf uns, die Ureinwohner der Zweigeschlechtlichkeit, so erschütternd wirken, so weil sie sich mit einer teuflisch scheinenden Kaltblütigkeit das Recht nehmen, den ungeheuren Umweg des Lebens über die zweigeschlechtliche Reproduktion in Frage zu stellen. Sie revidieren alles, was wir mit bipolarem Empfinden verbinden, von den primitivsten Verabredungen zwischen Ei und Sperma bis zu den Mysterien der Liebe, die seit langem an den Gitterstäben der Zweiheit rüttelt. War denn die Sexualität, wie wir sie kannten, nur ein langes Exil der Erbinformation in der Arbeitsteilung zwischen männlichen und weiblichen Zellverbänden gewesen? Fängt wirklich in unseren zwielichtigen Tagen die Heimkehr des Lebens in vor- oder nach-sexuelle Reproduktionen an?

Der Roman der Frau jedenfalls habe Anteil an dem Geheimnis der Zahl Zwei. Nur dort, wo die Zwei die Sphäre ungeteilter Rundheit durchschneidet und Polaritäten aufrichtet, wo zuvor konfuse Einheit und zahlfreier Ursprungsnebel waren, werde möglich und wirklich, was man in den menschlichen Sprachen ein Weibchen, ein Muttertier, eine Mutter, eine Frau, ein Mädchen nennen wird – und ebenso, was diesen Größen gegenübersteht, ein Männchen, ein Pascha, ein Vater, ein Mann, ein Junge. Natürlich wird sich kein halbwegs klar denkender Geist zu der Behauptung versteigen, »die Frau« ließe sich aus einer Zahl ableiten oder das Leben als solches könne aus großkalibrigen Kategorien wie Schwere, Licht oder Flüssigkeit deduziert werden.

Ebenso klar sei jedoch, daß man sich mit dem Dasein des Weiblichen im Modus der schlichten Existenzfeststellung unmöglich abfinden könne. Das nackte »Daß« sei hier wie überall ein Ärgernis, moralisch ebenso wie intellektuell. Alles, was da ist, muß ein ausführliches Verhör über sich ergehen lassen, in dem ermittelt wird, wie es geschehen konnte, daß es, so wie es ist, an Ort und Stelle in Erscheinung trat.

Wie bemerkt, nimmt das Ermittlungsverfahren gegen das »Bestehende«, das in Wahrheit seit jeher ein Gleitendes sei, die Form einer großen Erzählung an, wenn, wie gesehen, die Dinge sich so verhalten, daß die Erzählung die Ableitung ersetzen muß.

Dann schlägt die Stunde der Evolutionstheorie. Mit ihrer Hilfe kann man einen Bericht von den Etappen des Werdens aufsetzen, ohne in die Mythologie und andere Hilfskonstruktionen zur Ausfüllung der Anfangslücke ausweichen zu müssen. Es wäre unendlich viel bequemer, dürfte man weiterhin behaupten, Gott habe die Frau aus einer Rippe Adams angefertigt. Dann aber würde Gott zum Angestellten der Analogie.

Tatsächlich wäre es sehr komfortabel, wäre ein Logiker fähig, zu zeigen, wie das Konzept Frau zwingend aus der Zahl Zwei hervorgeht. Die Logik gibt dergleichen jedoch nicht her, und was die Evolution anbelangt, ist sie, wie man des öfteren bemerkt hat, kein Unternehmen, das seine Klienten durch Bequemlichkeit für sich einnimmt. Sie fürchtet die längsten Umwege nicht und trägt das Ichweißnichtwie im Firmenlogo.

Um die ungeheuren Abstände von den Anfängen bis ins Aktuelle zu überbrücken, muß man den Langen Marsch über das Erzählen antreten, wohl wissend, daß man dann ständig von Dingen handelt, bei denen niemand von uns dabei war. Die längsten Kapitel im Roman der Entwicklung bestehen aus leeren Seiten. In denen löst fast spurlos Verschwundenes fast spurlos Verschwundenes ab. Und doch erzeugt der Roman von einem bestimmten Punkt an den Kontinuitätseffekt, auf den wir hinauswollten. Wenn man lange genug beim Thema bleibt, meint man mit einem Mal zu sehen, wie eins aus dem anderen hervorgeht, bis man zu guter Letzt in der elementaren Gegenwart ankommt: Dann kann wer auch immer ohne Zögern sagen: Hier, Jetzt, Ich, Du und Dies-da. Über alles Vergangene breitet die Gegenwart ihre fünffache Einfachheit aus. Sie sagt zu allem und jedem, was bis dahin war: Nun bin auch ich präsent.

Die Fähigkeit, vom unfaßbaren Anfang aus in die Gegenwart zu springen, bringt der Evolutions-Erzählung die Verwandtschaft mit den Ursprungsmythen ein, obschon ihre Denkweise deren Gegenteil bedeutet.

Schöpfungsmythen und Evolutionstheorien, beide liefern Auskunft über Vorgänge in fernster Zeit, von denen es, außer der sich allwissend gebärdenden Erzählung, keine glaubwürdigen Zeugen gibt. Beide messen sich mit einem ontologischen Monstrum, das man gewöhnlich die Vergangenheit nennt. Vertieft man sich – warum nicht auf Schellings Spuren? – in die Frage, was das Vergangensein überhaupt bedeutet und inwiefern es uns betrifft, wird man entdecken, daß es nichts Monströseres gibt als Vergangenheit, ausgenommen die Zukunft. Vergangenheit ist der Inbegriff einer chronischen Krankheit, die sich zum Universum ausgebreitet hat. Längst sollte alles und jedes an ihr zugrunde gegangen sein, und tatsächlich hat sie das meiste spurlos ausgelöscht. Sie ist ein Tatort ohne Grenzen. Zugleich und trotzdem bildet die Vergangenheit ein Archiv, oder um genauer zu reden, ein Mittelding zwischen einem Archiv und einem Lese-Saal, angefüllt mit Beweisen des Gewesenseins und unbewiesenen Werdenkönnens. Tagtäglich leihen sich die Benutzer des Archivs, die man die Lebenden nennt, große Mengen an Materialien zu weiterem Werden aus.

Die Evolutionstheorie verläuft wie ein Indizienprozeß, den das selbstbewußt gewordene Opfer der Entwicklung – vorzeiten unter dem Titel »Krone der Schöpfung« bekannt – gegen seine Voraussetzungen führt. Darin plädieren die Entwickelten für sich auf mildernde Umstände aufgrund erwiesener Kontinuität mit groben Anfängen, aber auch wegen jäher Sprünge im globalen Geschehen, die jeden Gedanken an Erbe, Kontinuum und Verantwortung dementieren.

Einhellig sagen die Karlsruher Diskutanten: Was für den Menschen spricht, ist seine Festigkeit in der Labilität. Er ist ein Seil, gespannt zwischen dem Einzeller und dem Übertier. Das Seil ist nirgendwo straff angezogen, wer über es gehen will, muß seine Füße zeitweilig abwärts setzen. Für diesmal ist es nicht Nietzsche, der wieder stark übertreibt. Die Übertreibung, von der die Rede ist, geht ganz auf Kosten der Evolution.

Im alten Europa sagte man von Erzählungen, die erste Anfänge darstellen, sie begännen ab ovo. Die Wendung brachte die Ansicht zum Ausdruck, man müsse lediglich das Ei kennen, aus dem das Dasein schlüpft, schon habe man Plausibilität für alles Folgende.

Hieraus ergibt sich die seit Urzeiten angesponnene Affaire zwischen Gott und Ei. Gott steht in ihr für die Geist- oder Sperma-Seite, das Ei bezeichnet die Dimension Materie oder Natur.

Die Alternative, vor der die Entwicklung steht, läßt sich klar erfassen: Entweder legt Gott, als Überreptil oder Übervogel, das erste Ei in ein chaotisches Nest. Nach dem Brechen der Schalen tritt die Welt hervor. Der Dotter des Eies wäre dann von Anfang an mit Ironie begabt. Entwickelt sich aus der den Schalen entsteigenden Welt etwas, das taugt, wird es heißen: tant mieux beziehungsweise: Und er sah, daß es gut war. Fällt der Weltversuch in sich zusammen, wird man notieren, es sei ihm ergangen, wie es ein aussichtsloses Experiment verdient.

Man kann sich ebenso das Umgekehrte vorstellen: Das erste Ei, ein Welt-Ei ohne Makel, vor aller Ablegung vollendet, bietet dem Gott Gelegenheit, aus ihm zu schlüpfen. Von da an ist er frei, in größte Höhen aufzusteigen, tausendmal sechstausend Fuß jenseits von Schale und Hülle.

(Zusatz der Schriftführerin: »Die Runde redet seit einer Weile, als habe man einen Joint kreisen lassen!«)

Unser Problem sei aber viel komplizierter als das der Mythenerzähler, weil wir, als Angehörige einer vom Evolutionsgedanken dynamisierten Zivilisation, erklären können sollten, wie das Ei in die Anfangsposition geriet. Wir dürfen das Ei nicht mehr aus der Luft greifen. Wenn wir von frühen Dingen etwas verstehen wollen, müssen wir das Ei beim Aufstieg zu seiner privilegierten Rolle begleiten. Die große Erzählung von der Weiblichkeit hätte demnach als Roman der Ei-Werdung zu beginnen. Mit dem Auftauchen des Eies aus dem Meer der Moleküle beginnt die Schöpfung im engeren Sinn.

Da aber das Wort »Schöpfung« von nun an nicht mehr als eine Metapher ist, haben wir die Evolution als eine selbstschöpfende Instanz zu betrachten. Sie bringt an ihren Produkten die Summe der Wirkungen hervor, die wir bisher nicht ohne Grund einer göttlichen Planung zugeschrieben hatten. Aber ob wir Gott oder Evolution sagen, ist nahezu gleichgültig angesichts der unermeßlichen Lücke zwischen dem Reichtum unserer Intuitionen in bezug auf unser Dasein und der Armut unserer konzeptionellen Zugriffe auf dessen Ursachen.

Hier wird das »Schelling-Projekt« akut. Sein besonders, ja allein-stellendes Merkmal zeigt sich darin, daß die Wissenschaft von jetzt an das Nicht-Wissen als positive Voraussetzung akzeptiert. Wir wissen nicht, wie die frühe Natur auf die Idee kam, von Zellteilungen auf bipolare Prozesse umzuschwenken. Wir wissen nicht, wie die Kooperation von Ovolum und Sperma sich einspielte. Wir wissen nicht, wie sich die Sezession der Menschensphäre von der Tiernatur vollzog – obwohl wir in dieser Hinsicht einige belangreiche Stichworte anbieten können: Innen-Sinn, Großhirnrinde, Frühgeburt, aufrechter Gang, opponierbarer Daumen. Das seltsame ist allerdings, daß dieses Nichtwissen uns nicht mehr verlegen macht. Es handelt sich um ein neutrales Nichtwissen, mit dem wir rechnen können wie mit negativen Zahlen.

Die leeren Abschnitte im weiteren Verlauf der Erzählung machen uns nicht länger befangen, weil wir sehen, worauf die Evolution hinauslief. Wir sind und bleiben, wo und wie wir sind, und wir halten die Stellung, solange es gehen mag. Die fehlenden Kapitel in der Erzählung von der Vergangenheit sind mit einer Gewißheit zu postulieren, als ob wir über die vollständige Chronik verfügten. Daß es ein Übermaß an schwarzer Materie des Wissens gibt, das uns wie ein Teil unserer Autobiographie beträfe, stünde es zur Disposition, ficht uns nicht an, wenn auch die Wissensgockel ex cathedra krähen, daß nur das Festgestellte zählt.

An den Fakultäten galten bislang allein die harten Fakten als existent. In Zukunft muß man sich mit den harten Nicht-Fakten zurechtfinden. Das Fehlende besitzt künftig eine eigene Art von Solidität. Die Lücke wird jetzt so positiv wie der Beleg. Das spurlos Verschwundene hat ontologisch genauso viele Rechte wie das reichlich Dokumentierte. Ja, aus der Lücke taucht auf, was uns eigentlich zu denken gibt. Es macht uns nicht kleinlaut, zuzugeben, daß wir bestenfalls umrißhaft wissen, was wir nicht wissen.

Kurzum, wir gestehen, nicht die geringste Ahnung zu haben, wie es bei der Trennung der zellulären Brautleute, Ei und Sperma, im Detail zuging. Aber daß das Paar sich vor Hunderten von Millionen Jahren gegenübertrat und sich die Hand fürs Leben reichte (die Hand war allerdings eine späte Errungenschaft, wahrscheinlich, gemeinsam mit dem Arm, aus der Brustflosse des Urfischs hervorgegangen), das wissen wir so sicher, wie wir wissen, daß aus der Sonne seit jeher Protonenstürme herausgeschleudert werden. Unsere Heliologen waren nie am Ort der Untersuchung, aber sie können mit unanfechtbarer Autorität erklären, was an der Oberfläche des seit Urzeiten explodierenden Fusionsreaktors geschieht. Ebenso sicher sind sich unsere Genetiker, irgendwann, sechstausend Fuß jenseits von Mensch und Zeit, mit einem Millionen-Jahre-Faktor multipliziert, muß die Romanze zwischen Eizelle und Samenzelle begonnen haben.

Will die Gynäkologie philosophisch werden, muß sie auf die Ei-Werdung der Erbinformation, und ihre Spiegelung im Partnermedium Sperma, Rücksicht nehmen. Wie das im einzelnen geschah, liegt, wie gesagt, fast ganz im dunkeln und wird dort vermutlich lagern bis ans Ende der Zeiten. Doch daß es geschah, daran zu zweifeln haben wir keine zureichenden Gründe. Es geschah, weil es, vom Ergebnis her gesehen, geschehen sein muß. Wir haben es bereits festgestellt: Nichtwissen ist kein Einwand gegen das Wirkliche. Unerkennbarkeit imponiert nicht mehr. Ja, vielleicht ist ebendies das starke Merkmal der Wirklichkeit des Wirklichen, sich von keiner letzten Erklärung domestizieren zu lassen.

Kurzum, wir gehen davon aus, daß irgendwann ein Akteur namens Eizelle auf der Bühne der kosmischen Tatsachen erschien, unscheinbar bis zur Unmerklichkeit, getarnt als ein Beinahe-Nichts, ausgestattet mit dem Merkmal Rundheit, an dem man den Triumph des Wiederholbaren erkennt. Rund zu sein ist die Signatur der guten Unendlichkeit. Das Spiel der eiförmigen Wiederholbarkeiten machte sich undercover ans Werk, im Auftrag ihrer Majestät, des Lebens. Doch diese Wendung erzeugt ein schiefes Bild. Die Ei-Zellen waren nicht bloß die Agentinnen des Lebens, sondern es selbst.

Der offene Rest der rätselhaften Geschichte entfällt auf die Positionierung des Eies. In den grauen Vorzeiten des Lebens, in denen die ursprüngliche Akkumulation des Erbguts geschah, wurden Eier regelmäßig in äußere Milieus abgelegt. So machen es die Reptilien und die Vögel bis heute, um von den Insekten nicht zu reden, von denen wir noch nicht absehen, ob ihre mögliche katastrophische Vermehrung nicht eines Tages das Leben auf der Erde in Wolken aus Chitinpanzern ersticken wird. Auch Fische verlassen sich auf die Ei-Ablage in den umgebenden Raum. Sie ersparen sich die Kopulation, indem die weiblichen Tiere den Laich an Wasserpflanzen kleben, was den männlichen Exemplaren die Gelegenheit bietet, im Vorbeigleiten eine Sperma-Wolke abzusetzen. Diskreter kann eine Kooperation der Geschlechter beim opus magnum der Fortpflanzung nicht ablaufen.

Ansonsten gehört Diskretion nicht zu den Merkmalen der Zweigeschlechtlichkeit. Bei Insekten wie der

Mantis religiosa, vulgo der Gottesanbeterin, kommt es vor, daß das Weibchen den Partner während der Kopulation verzehrt, indes sein kopfloser Unterleib, dem Drehbuch der Vereinigung folgend, seinen Dienst an der Vermehrung fortsetzt – ein Vorgang, den Eduard von Hartmann, der biedere Schopenhauer-Epigone, als Beweis für die vorrangige Macht des Unbewußten ins Feld führte. (Sigmund Freud behauptete hartnäckig, er habe von den Sensationen dieser hard-core-Philosophie des Unbewußten keine Zeile rezipiert.)

Das große Thema Ei und Innenraum erreichte seine Zuspitzung mit dem Auftreten der Säugetiere. Was solle aber ein blasses Verbum wie »auftreten« besagen? Auftritte ergeben Sinn auf Bühnen, auf denen Erwartbares sich präsentiert. Wer aber hätte die Säugetiere erwartet? Mit einem Mal ist es nicht mehr der äußere Umgebungsraum, in den die Ei-Ablage erfolgt, sei es das Wasser, der Erdboden, der Sand oder das Nest in den Baumkronen. Dank der mammiferischen Revolution gerät der Körper des Weibchens in die Rolle des ursprünglichen Milieus. Nach innen führt der geheimnisvolle Weg: Das ist keine deutschromantische Devise, es ist der räumlich-anatomische Schlüssel zu den Tatsachen jedes höher organisierten und von Bewußtheit infizierten Lebens.

Diese neue Form von Leben entfaltet sich in einer raschen Serie von organismischen Staatsstreichen. Sie können nichts mehr im früheren Zustand belassen. Mammiferenkörper verlangen neue Organe, die ihrer Verfassung gemäß fungieren. Auch im biologischen Bereich setzt sich der Vorrang der Innenpolitik durch.

154

Wird das Ei in den Körper des Weibchens gelegt, kann nichts mehr so bleiben, wie es im Ancien régime der äußeren Ei-Ablage war.

Neue Organ-Instanzen wachsen heran, nie gesehene Phantome der Intimität treten auf den Plan. Die Plazenta wird erfunden, die selbstlose Begleiterin des fötalen Seins, die Großmutter der Engel. Was heißt jedoch: Sie wird »erfunden«? Sie wird gebraucht, und sie stellt sich ein. Mit ihr entsteht die Nabelschnur, das Medium der ersten Ortsgespräche. Ovulationen verwandeln den weiblichen Körper in eine Enklave für Inkarnationen. Überraschende Blutungen zeigen diskrete Bereitschaften und ihre unbemerkte Enttäuschung an, Milchproduktionsstätten richten sich auf kommende Beanspruchungen ein, biologische Uhren beginnen die gelebte Zeit zu gliedern. Sie takten das weibliche Dasein nach dem Kommen und Gehen von Monden und Männern. Erweiterte Nervensysteme umhüllen die gewagten Organkomplexe mit Anfängen von Individualität. Launen werden zu Tatsachen erster Größe, Variationen ergreifen die Macht. Die globale Irritabilität entdeckt Wirkungsstätten, die sich mit keinem unter den früheren Szenarien vergleichen lassen.

Schließlich werde durch die Ablage des mammiferischen Eies nach innen ein vormals unbekanntes Drama in die Welt gesetzt: Wir nennen es ohne weiteres Nachdenken die Geburt. Nach dem Gesagten dürfe man aber das Wort »geboren« in bezug auf menschliche Wesen nicht mehr ohne Furcht und Zittern aussprechen.

Insbesondere sei das Folgende zu bedenken: Alles

vor-mammiferische Leben mußte aus dem nach außen abgelegten Ei schlüpfen, um in den offenen Raum zu gelangen. Hat aber das nach innen gelegte Ei sein Reifestadium erreicht, ist es dazu verurteilt, sein Nest zu verlassen. Im Rückblick wird das freigesetzte Individuum sein Nest »Mutter« nennen, und da es ein sprechendes Nest ist, wird es von ihm die lokale Sprache lernen, die Hütte des Seins. Der Durchbruch ins Äußere, Freie, Gefahrvolle – oder wie man die ekstatische Position im Ereignisraum Welt nennen will – läßt sich mit keinem gewöhnlichen Brechen der Schalen vergleichen.

Bei homo sapiens überwindet der Exodus ins Offene die längste Strecke. Kein Weg kann weiter sein als der vom Mutter-Inneren nach draußen. Jede Menschengeburt enthält eine Teleportation. Geborensein ist bei Wesen unserer Art die Signatur eines Daseins, das die Gefahren freibeweglichen Außenseins bestehen soll, ohne seine vergangene Geborgenheit ganz vergessen zu können.

Und doch: Aus der Perspektive des »Schelling-Projekts« sind Unerhörtheiten wie diese bloße Hintergrund-Gegebenheiten. Das Unmögliche lebt. Es hat die Form der Routine angenommen, vorausgesetzt, Routine bedeutet eine Matrize für überraschungsoffene Wiederholungen. Die Bühne für die Orgasmogenese ist aufgeschlagen.

Sobald der Mensch das Gefühl seines eigenen Daseins verspürt – von diesem unergründlichen Selbstgefühl haben nicht wenige neuere Autoren seit Rousseau gesprochen –, ist er nicht nur allein aus unaufgeregter

Selbstnähe mit sich vertraut. Er trägt in sich, vor allem in seinen weiblichen Exemplaren, die Anlagen dazu, durch eine Erregung sprachlos zu werden, die sein Eigenstes und Fremdestes ist.

III Die Form der Enttäuschung

Desiree zur Lippe <desili@gmx.at>
Wien, 8. Mai 2015 16:24
An: Kurt Silbe <kusil@t-online.de>

Lieber Kurt,

nach den Ereignissen von Bonn hatten wir uns geei-
nigt, eine Woche vergehen zu lassen, bevor wir unsere
Korrespondenz wiederaufnehmen.

Ob es eine kluge Maßnahme war, vermag ich vorerst
nicht zu entscheiden. Manche Psychologen würden uns
vermutlich attestieren, wir hätten das Richtige getan, als
wir nach unserem Mißerfolg für eine Schweigephase
votierten. Andere, die eher an das Bereden von Proble-
men glauben, würden allerdings sagen, wir haben einen
Fehler begangen.

Wenn aus den Schweigetagen für mich eine böse Zeit
wurde, hat das Gründe, die ganz in mir liegen. Ich geriet
in eine krankhafte Klausur mit meinen nicht ans Ziel
gelangten Argumenten. Besser wäre es gewesen, in die
Berge zu fahren. Vielleicht hätte ich nach Kreta fliegen
sollen und das Labyrinth besuchen. Dort hätte ich mir
einbilden können, ich hörte den Minotaurus neben mir
schnauben, das hätte mich erleichtert. Das Allein-Rasen
in dunklen Gängen tut nicht gut.

Mich plagten Stimmen, die gegen die Gegebenheiten
wüteten. Tag und Nacht zogen mir Satzgewitter durch

den Kopf. Der Zweite Bezirk hallte wider von Behauptungen, die in der Bonner Debatte wirkungslos geblieben waren. Zwischen Kagran und dem Schwedenplatz dröhnte die Luft von meinen Thesen. Es gab so vieles, was richtiggestellt werden mußte. Tagelang konnte ich nicht aufhören, recht zu behalten.

Zeitweilig wollte ich nach Haus zurück ins Dorf, wo mir nichts Arges widerfahren kann. Daheim bleiben die Fenster geschlossen. Niemand tut mir dort etwas zuleide.

In meiner Wiener Bleibe fühlte ich mich einem Sog von draußen ausgeliefert. Es war, als hätte sich die Wilde Jagd die Laune gestattet, aus den Rauhnächten zu springen und sich im Frühling auszutoben. Normalerweise ist der Zweite Bezirk eine spirituell beruhigte Gegend. Nestroy hat einige Jahre in der Nähe gelebt, auch Schönberg.

Der Volksmund warnte seinerzeit die braven Leute, an diesen Tagen ja nicht aus dem Fenster zu schauen. Wer den Kopf hinaushält, um dem Schwarm der zur Unzeit Verstorbenen unter den schweren Wolken zuzusehen, so hieß es, dem schwillt der Schädel an, bis er ihn nicht mehr aus dem Fensterstock zurückziehen kann. Die Horden auf den Geisterpferden schrammen an ihm vorüber und reißen Fetzen von seiner Stirn.

Ich hatte mich nicht damit begnügt, lüstern hinauszuschauen. Vorgebeugt stand ich da, eine Hand beschwörend erhoben, und hielt unter dem bleiblauen Himmel Plädoyers vor Auditorien aus Phantomen. Mir war, als sollte ich eine Republik für Ruhelose ausrufen. Vom Balkon aus diktierte ich die Zukunft. Zuletzt, von

162

meiner Erhabenheit erschöpft, trat ich einen Schritt zurück. Um zwischen denen da draußen und mir zu unterscheiden, mußte ich endlich die Vorhänge zuziehen. Hat man zu lange im Aufruhr gelebt, zersetzt sich der Sinn für Normalität. Ich hatte mir eingebildet, man könne Phantomen Vorschriften machen. Das ist, als wollte man Nebel in Tüten nach Hause tragen.

Nie hätte ich für möglich gehalten, daß ein beiläufiger Mißerfolg in einer formal objektiv formulierten Angelegenheit mich so persönlich treffen könnte. Wahrscheinlich war ich naiv genug gewesen, in ein wissenschaftsartiges Vorhaben etwas von meinen Leidenschaften zu investieren. Leidenschaften, wie kitschig es klingt. Doch Kitsch und Wahrheit, sind sie nicht ein altes Paar? Sie laufen nebeneinander wie Parallelen, die sich angeblich im Unendlichen schneiden. Mir ist, als käme ich gerade aus dem Unendlichen zurück.

Ich weiß nicht, lieber Kurt, woher ich die Energie nahm, mich bis heute an unsere Abmachung zu halten. Wahrscheinlich war es keine Kraft, sondern eine Art von Ohnmacht, die mich bis zum Ende der Bewährungsprobe trug. Zum größten Teil stammte mein Ruhighalten aus der Beschämung. Niemand sollte von meinen exaltierten Zustand erfahren. Vor allem Dir hätte ich ja einiges mitzuteilen gehabt, doch gerade Dir hätte ich meine Überspannung nicht verraten wollen. Unsere Wiederbegegnung hat in mir lange nicht mehr bespielte Saiten zum Klingen gebracht. Oder soll ich sagen zum Klirren?

Unseren Vertrag respektierte ich vermutlich auch, weil ich dachte, nach einer geteilten Enttäuschung sollte man enger zusammenrücken als zuvor. Zugleich kam die Befürchtung auf, wir könnten uns aus den Augen verlieren. Was würde aus unserem Aufschwung werden, wenn jeder Heimkehrer aus Waterloo sich in seinen Winkel zurückzöge?

Meiner Meinung nach haben Beatrice und Peer bei unserem Nachgespräch in Bonn zu Recht an die Gurd-jeff-Anekdote aus meinem Brief vom März an Dich erinnert. Ihre Unterscheidung zwischen Wut und Ent-täuschung war für mich in der Woche danach von größ-ter Wichtigkeit. Wut verfliegt binnen Stunden, solange sie nicht von einem Kummer verstärkt wird. Auch darf sich kein Racheprogramm an sie hängen, sonst wird die Wut zum Teil der Person. Die will es denen dann irgend-wann zeigen. In vergangenen Zeiten sagte man, um ei-nen freimütigen Menschen zu charakterisieren: Er kann seinen Groll nicht übers Abendessen behalten. Seit je-her sind die Aufbrausenden freier als die Höflichen.

Enttäuschungen ziehen langsamer vorüber. Ihre Halbwertszeit ist schwer zu bestimmen. Nicht selten dringen sie in uns ein und wandeln sich zu Geschwüren. Sie gären vor sich hin und setzen sich in Fortsetzungs-träumen fest. Darin geht es oft um nicht abgeholte Ge-päckstücke, verlorene Schlüssel, versäumte Züge. Man erwacht und hat das Duell mit der Nacht verloren. Wir wollten es mit einer Woche versuchen.

Auch die Erklärung von Frau Stutensee, wir seien nicht die ersten, denen es so ergeht, und gewiß nicht die letzten, habe ich mir zu Herzen genommen. Die neue akademische Ideologie ist halt die Antrags-Hure-rei. Nimm von den üblichen Einrichtungen, welche Du willst, die Volkswagen-Stiftung oder Thyssen, Bosch, Mercator, Henkel, und hundert andere Kulturmaschinen, die sich wichtig vorkommen, sobald sie Geldscheine ausspucken, es ist überall das Gleiche.

Ein Jahr zumindest hatten wir in den Entwurf investiert. Anfangs nimmt man es sportlich: Besser anständig verlieren, als nicht aufs Feld zu gehen. Später frißt sich der Mißerfolg in die Eingeweide. Ob man ihn wieder los wird und in welcher Frist, kann man im voraus nicht wissen.

Noch bis heute sehe ich uns aus dem DFG-Gebäude ins Freie treten. Der Mai hatte feuchtkühl begonnen. Aufheiterung war erst für die kommende Woche angesagt, und das traf zu. In Wien geht man jetzt kurzärmlig auf die Straße. Die jungen Dinger tragen wieder minimalistische Röcke, so daß man als Angehörige eines älteren Jahrgangs es gelegentlich nicht vermeiden kann, sich zu fragen, wer ihnen den Sinn für Fairness gestohlen hat.

Der Ausdruck »ins Freie treten« paßt perfekt zu den Umständen. Was wir an jenem Freitag zwischen halb elf und halb eins in dem künstlich beleuchteten Besprechungsraum der Theoriebehörde erlebt hatten, war das Gegenteil einer Verständigung im Freien gewesen. Etwas Armes, Mattes, Besiegtes lag in der Luft. Für einen Moment dachte ich, so riecht es in Gerichtsgebäuden, in denen ausgelaugte Paare geschieden werden, erschöpft von falsch gelebten Jahren.

Hast Du nicht auch bemerkt, daß das Resultat von Anfang an spürbar war? Die Prüfer, die glorreichen Fünf, standen unserem Papier fast unverhohlen feindselig gegenüber. Einhundertvierzig hochgetrimmte Seiten, ergänzt durch Anhänge, Diagramme, Bibliographien, die waren ein Schlag vor den überfüllten Fakultäts-Kopf. Ein wenig vorausblättern und ein wenig zurück-, so viel hatte man anstandshalber investieren müssen. Daß die Herrschaften der wissenschaftsförmigen Hülle des Unternehmens nicht trauten, war begreiflich.

Die Voreingenommenheit der Jury lag in der Sache selbst. Man konnte unmöglich verkennen, wie sehr das Thema den Herren peinlich war. Im Ernst, wer will wissen, wie die erogenen Zonen »der Frau« aus der kosmischen Indifferenz aufgetaucht sind! Mir klang zwischendurch unsere März-Korrespondenz in den Ohren. Unser altmodischer Subjektivitätspakt, unser naiver Ehrlichkeitsvertrag, wie weit das jetzt mit einem Mal entfernt lag!

Mein Gott, wenn man weiß, daß Theorie einst eine vornehme Askese war, eine Übung in Selbstauslöschung um überpersönlicher Einsichten willen, dann lieferte das Bonner Event dazu einen kläglichen Epilog. Nun glaube ich ohnehin nicht an die Reinheit der Theorie, aber daß sie so ganz in Gruppendynamik und Maskerade aufgehen sollte, bleibt befremdlich.

Einer der Juroren, Du hast ihn sicher noch vor Augen, ging mir besonders auf die Nerven. Dieser Übermotivierte aus der Generation der Nach-68er-Feministen-Männer führte ein Theater auf, als sei er der Alleinverfasser der Allgemeinen Erklärung der Frauenrechte. Ihm paßte es nicht ins Konzept, daß wir »die Frau« schon in physiologischer Sicht als staunenerregende Blüte am Baum des Werdens portraitieren. Er nahm es uns sehr übel, daß wir nicht bereit schienen, sie als einen Pflegefall der Evolution zu behandeln.

Was mich am meisten abstieß, war sein geübt besorgtes Gesicht, als er den Einwand vorbrachte, unser Entwurf sei nach seiner Ansicht viel zu global gefaßt! Das weibliche Genießen sei eher die Ausnahme als die Regel. (Der Typ warf mit dem Wort »jouissance« um sich, damit jeder merkte, daß er etwas von französischer Psychoanalyse gehört hat.) Wir blieben alle Gott sei Dank höflich. Nach weniger als einer Stunde war abzusehen, wie die Partie ausgehen würde.

Unsere Mitstreiter, Du wirst es zugeben, schlugen sich der wenig entgegenkommenden Atmosphäre zum Trotz beachtlich. Nur Du schienst schon zu Beginn verstimmt, ich hoffe, nicht wegen der vorangegangenen Nacht in dem Bad Godesberger Hotel? Du hieltst Dich während der Sitzung betont im Abseits. Ich machte mir Sorgen um uns beide und um Dich, doch stellte ich meine Empfindungen zurück, da ich nicht in der Stimmung war, mir etwas von unserem Erlebnis anmerken zu lassen.

Wie umsichtig Mösenlechzner auftrat! Er sprach über Pornographie als neue visuelle Weltmacht, die eine Diplomatie der Bilder erfordert. Daß Sloterdijk sich angriffslustiger als üblich präsentierte, war für die Besserung der Stimmung nicht vorteilhaft, Du hast das sicher auch wahrgenommen. Er brach eine Lanze für einen positiven Begriff des Unbekannten, das er als die Dunkle Materie des Wissens bezeichnete, und wiederholte damit einige Thesen aus dem Karlsruher Treffen. Das muß in den Ohren der Juroren wie eine Verspottung geklungen haben. Man kann sich vorstellen, aus

167

welchen Gründen sich ihre Mienen verfärbten. Er redete wie ein Besucher aus der Zukunft, der die Insekten der Gegenwart mit einer Handbewegung verscheucht.

Und dann Frau Stutensee, die ihre Autorität als Naturwissenschaftlerin perfekt ins Spiel brachte! Sie wollte den Juroren erklären, daß der Mangel an Beweisen in der Paläontologie den Normalfall darstellt. Mir schien, sie spielte ihre Rolle souverän und höchst professionell, weswegen die Abwesenheit unserer stillen Ressource, Frau Zulauf-Grämlich, nicht so sehr ins Gewicht fiel. Ihr hätten wir das große X unseres Unternehmens, die paläo-endokrinologische Spekulation, anvertrauen wollen. Das Thema kam ja kaum zur Sprache, weil sich in der Jury niemand fand, der mit unseren Selbstzweifeln auf gleicher Höhe hätte reden wollen.

Über die Performance von Beatrice gerate ich auch im nachhinein ins Schwärmen! Wie hatte sie sich in Schale geworfen! Für ihren Auftritt hatte sie ein hellrotes Kleid gewählt, was an einem Vormittag unter der Woche eine gewagte Option war, mit Ohrringen, Schal, Handtasche, Schuhen, alles Ton in Ton. Abgeklärt wie eine Prime-Time-Moderatorin von CNN stellte sie unsere Partner auf die Probe. Heiter, geduldig, listig ging sie auf ihre Argumente ein, als ob nicht offenkundig wäre, daß die Reden der Herren Juroren über unterirdischen Seen aus Argwohn schwebten. Man hätte Beatrice für eine Diplomatin mit langjähriger Rußland-Erfahrung halten können. Um ein Haar wäre ihr das Unmögliche gelungen. Es fehlte nicht viel, dessen bin ich mir sicher, und sie hätte die Mehrheit der Jury auf unsere Seite gebracht. Daß unser Antrag schließlich mit

drei von fünf Stimmen zur »Überarbeitung und Neuvorlage« empfohlen wurde, war fast ausschließlich ein
Effekt von Beas Künsten. Ob man mit zwei zu drei
Stimmen unterliegt oder mit null zu fünf, ändert allerdings etwas an der Atmosphäre, nicht am Ergebnis.

Meine eigenen Beiträge fielen, wie Du gesehen hast,
bei den Prüfern auf dürren Boden. Die quadratischen
Herrschaften beäugten mich vom Beginn der Sitzung an
wie eine Außerirdische. Wäre ich ihnen als eine der vier-
mal sieben konkaven Gattinnen des Manns im Mond
vorgestellt worden, sie hätten »na dann« gesagt. Nicht
bloß meine Argumente über das Hin und Her der Mut-
tertochter Persephone zwischen der irdischen und der
unterirdischen Existenz wollten ihnen nicht einleuch-
ten. Sie spürten etwas von meiner exterritorialen Seinsweise. Sie konnten sich nicht damit abfinden, daß eine
Kreatur wie ich die Unverfrorenheit besitzt, außerhalb
von Märchensammlungen zu existieren. Was ist doch
Wissenschaft oft für eine armselige Affaire. Vielleicht
hätte ich an diesem Tag nicht den Sari tragen sollen.

Kurt, ich sehe auf die Uhr, ich muß los. Die Fachbe-
reichssitzung beginnt in einer Viertelstunde, ich werde
zu spät kommen. Wahrscheinlich tut es mir gut, erneut
unter die Leute zu gehen.

Liebster Kurt, von dem, was zwischen uns wiederauf-
getaucht ist, habe ich jetzt gar nichts gesagt. Demnächst
komme ich darauf zurück, versprochen. Du antwortest,
wie es Dir paßt und wann es Dir gelegen kommt.

Auf bald!

Mit vielen Fragen auf dem Herzen.

Deine Desiree

PS

Die Wilde Jagd war das eine. Daß der Tumult vor meinem Fenster dem jenseitigen Gesindel gehörte, das war eben, wie es war, ich konnte es nicht verhindern. Unser Erlebnis ruhte in einem verborgenen Depot. Wenn die aufgebrachten Knochenleute für eine Weile Ruhe gaben, öffnete ich das Schließfach und nahm unser Erlebnis sacht in die Hand. Ich betrachtete es ungläubig glücklich. Dann kündigte das Rasseln am Horizont den nächsten Geisterritt an. Ich legte das Erlebnis vorsichtig zurück und versteckte den Schlüssel.

Kurt Silbe <kusil@t-online.de>
Köln, 8. Mai 2015, 23:56
An: Desiree zur Lippe <desili@gmx.at>

Liebste Desiree,

wie bin ich froh, daß die Tage der abstrakten Enthaltung ohne besondere Vorkommnisse vorbeigegangen sind! Zumindest hat das Stillhalten uns am Klagen unter Kollegen gehindert. Wie heißt es doch bei Wilhelm Müller: »Lustig in die Welt hinein. / Gegen Wind und Wetter!« Natürlich habe ich an einigen Abenden die »Winterreise« wiedergehört. Auch im Mai kann man sich fragen, was das alles letztlich soll.

Nur selten erlaubte ich mir, an unser Erlebnis zu denken. Ist nicht das Leben per se autismusverdächtig, wenn es nach einem solchen Einschnitt einfach weitergeht? Was bedeutet eigentlich die Phrase »das Leben geht weiter«? Was ist es in Wahrheit, das immer weitergeht? Hamlet hatte die Antwort gegeben, wonach bekanntes Unglück unbekannter Zukunft vorgezogen wird. Zu hohen Jahren kommt das Elend, solange die Mutlosigkeit an ihrem Vertrag mit ihm festhält. »That's the respect / That makes calamity of so long life.«

Ehrlich gesagt, ich konnte mich nicht besonders gut leiden, nachdem ich wieder in Köln gestrandet war, das mir jetzt wie ein Vorort der Bonner Dumpfheit entgegentrat.

In einer anderen Hinsicht war die hohle Woche für mich aufschlußreich. Wie durch einen Meteoriten-Einschlag hatte sich die Erdachse verschoben. Ich stand noch weiter neben mir als sonst. Es kam mir vor, als hätte ich mich vor Jahren am Strand kennengelernt und mich aus Gutmütigkeit nach Hause mitgenommen. Seither hause ich mit mir zusammen, ohne daß ich erklären könnte, was ich mit mir zu tun habe. Noch immer bin ich mit mir unter einem Dach. Ich muß so etwas wie ein Bleiberecht in meiner Nähe erlangt haben. Mich treffe ich täglich als eine Art Nachbarn aus dem Zimmer nebenan. Wir grüßen uns wohlwollend distanziert. Hey, Kurt, how are you doing today? Vor längerer Zeit kursierte in West-Berlin der Satz: Lieber schizophren als ganz allein. Das paßt in jede deutsche Stadt nach der Wiedervereinigung. In unseren Kreisen gelte ich als glücklich wiederverheirateter Mann. Was ist letztlich das Glück? Darüber gibt es zur Zeit mehr Bücher als in früheren Jahren. Vermutlich bedeutet es Geborgenheit im Nicht-denken-Müssen.

Seit einer Viertelstunde bin ich von unserer Freitags-

Kollegenrunde zurück, um einiges früher als gewöhnlich. Üblicherweise, ich erzählte es Dir ja, geht es dabei bis lange nach Mitternacht; und in der Regel steht der Pegel hoch. Diesmal gelangte ich fast nüchtern in meine Wohnung, wenn auch mit dem Gang eines Somnambulen.

Glücklich überrascht war ich, Deinen Brief vorzufinden. Ich habe Dich sofort in jeder Zeile wiedererkannt. Meine Frau hatte mir zwei Tage nach dem Bonn-Desaster signalisiert, sie werde zwei Wochen lang in Skandinavien auf Tournee sein, mit einem Programm aus Scarlatti, Mozart und Sibelius. Ihre Agentur hatte ihr den Auftrag kurzfristig vermittelt, nachdem eine andere Pianistin, die mit dem Rundfunkorchester reisen sollte, sich krank gemeldet hatte.

Das kam genau zur rechten Zeit. Ich hätte nicht gewußt, was ich ihr sagen sollte. Weiß es auch jetzt nicht. Meinen Weg sehe ich kaum eine Handbreit vor mir. Das stört mich wenig. Seit längerem habe den Eindruck, das Dasein meint es mit den Unschlüssigen gut. Die starken Plänemacher gehören nicht hierher. Sie sollten auf andere Planeten auswandern. Wer auch nicht weiß, wie es weitergeht, paßt perfekt in dieses Leben.

Verstehst Du mich, liebe Desiree? Ich habe Corinna im Durchschnittsleben gern, ich kann mich leicht an ihr begeistern, so wie ein Hund seinem Frauchen zeigt, daß er seine Bindung an sie für alternativlos hält. Ich springe jedesmal an ihr hoch, wenn sie von irgendwo zurückkommt. Eine Künstlerin ist sie in jeder Hinsicht, ihr Spiel ist virtuos und voll von unerwarteten Akzenten, es fällt mir leicht, meine Bewunderung für sie auf den jeweils neuesten Stand zu bringen. Im übrigen meine ich, sie hat es insgesamt nicht schlecht getroffen, sieht man von dem Zwang zum Üben ab, von dem sich die Laufkundschaft der Kunst keine Vorstellung macht.

Ich sehe die Sache zwischen ihr und mir von innen und außen. Gibt es etwas Angenehmeres, als von Berufs wegen Klavier zu spielen, mit einem loyalen nichteifersüchtigen Mann an der Seite, der gehörig applaudiert und eventuelle Eskapaden, selten genug, unsichtbar abwickelt? Was Beifall angeht, ist sie gut versorgt, vom Erfolg aber nicht entstellt. Ein kritischer Hund bin ich nichtsdestoweniger geblieben. Gelegentlich beiße ich die Hand, die mich füttert.

Der am zweiten Freitag im Monat fällige Herrenabend verlief diesmal für mich kurioser als sonst. Du begreifst vielleicht, daß ich bei unseren Tiraden über die chronisch gewordene Intendantenblödheit und das zunehmende Russische in den Anstalten nicht mehr so mitreden konnte wie an den üblichen Zusammenkünften. Ich hatte zu viel Evolutionstheorie gelesen, um mit den Kollegen unbefangen zusammenzusitzen.

Ich sah sie ihre Gläser austrinken, und mußte an Antilopenherden an der Wasserstelle denken, während im Hintergrund die Prädatoren lauern. Ich hörte, wie sie ihre Gemüter leer redeten, ganz in der Tonart von heimgekehrten Jägern, die beinahe etwas erlegt hätten. Mir wurde klar, das Lamento ist älter als die sprechende Menschheit. Auch Redakteure, die die Entlassung fürchten, können nicht verhehlen, daß sie aus Afrika kommen. Letztlich stammen wir alle aus der Gegend, wo wir den aufrechten Gang hatten lernen müssen. Von Tansania oder Olduwei, und wie die ominösen Fundstellen heißen, kommen wir nie weit genug weg. Ständig tauchen neue Knochen auf, die uns bloßstellen. Auch an den Rheinufern sind wir immer noch nahe am Äquator. Zweitausend Generationen sind seit dem Exodus vergangen, vielleicht dreitausend? Da hat man Zeit für Mutationen.

Und doch, man hockt noch immer am Tisch wie am Savannenlager. Nur daß wir Stühle haben und daß die Haut im Rheintal nicht mehr so metalldunkel glänzt. Auf den angeborenen Sonnenschutzfaktor 80 konnte man hier allmählich verzichten. Zur Sonne haben wir ein prekäres Verhältnis entwickelt. In den nördlichen Lichtverhältnissen verloren sich die defensiven Pigmente. Mit der Zeit sind wir bleich geworden. Als die Stämme nach Norden vordrangen, bevorzugten Männer die blonden Varianten. Ruhelos wurden wir obendrein, als wollten wir das getrübte Verhältnis zur Sonne durch Beutezüge in den Süden korrigieren. Aus den Geschichtsbüchern geht hervor, es waren die Bleichen, die die Welt zusammengebracht haben. Wir waren agitiert genug, die anderen zu entdecken, während sie uns wahrscheinlich bis heute in Ruhe gelassen hätten. Nie hat ein Schiff aus Osten und Süden unsere Küsten berührt, zu keiner Zeit waren wir Objekte eines zusammenhängenden Entdeckungsgeschehens.

Desiree, während der vergangenen acht Tage war mir öfter zumute, als hätte ich die bisher verlebte Zeit durch eine Seitentür verlassen. In einem Paralleltunnel rannte ich einem fernen, vielleicht zugemauerten Ausgang entgegen. Doch um die Wahrheit zu sagen, war ich schon vor der Bonner Sitzung aus dem Gemeinsamen herausgefallen.

Du beschreibst es völlig richtig, wenn Du meinen Zustand bei Beginn der Konferenz verstimmt nennst und meinen Aufenthalt während der Szene im Konferenzraum als im Abseits gelegen bezeichnest. An diese Beobachtungen knüpfst Du die Frage, ob meine Abstinenz während der Besprechung etwas mit den Vorgängen in der vorangegangenen Nacht zu tun gehabt haben könnte.

Du unterstellst einen Zusammenhang, und den gibt es tatsächlich. Doch mußt Du verstehen, daß ich am Bonner Morgen keineswegs ausgebrannt war, wie Männer nicht selten sind, wenn ein verzehrendes Erlebnis die Nacht verkürzt hat. Erschöpfungen dieser Art kenne ich von früher. Bei Tagesanbruch holt der Sinnverlust dich ab und begleitet dich höhnisch, bis es dunkel wird. Man hat etwas erfahren, was andere als Sensation bezeichnen würden, doch du fühlst dich stark im Defizit. Es gibt diesen Samenblasen-Blues, wenn man mehr ausgegeben hat, als auf dem Konto war.

Was in Bad Godesberg geschehen war, gehörte einer völlig anderen Ordnung an. Die himmlische Überraschung traf uns beide, nicht wahr? Nach unsren Umarmungen war ich mit Haut und Haar und allem in eine Verfassung versetzt, in der nur noch die zweite Person existiert und dank ihr die erste, die ich bin. Ein Universum nur aus Du und Ich war entstanden. Dort wollte ich bleiben, bloß noch dort.

Mit einem Schlag hatte ich den Bezug zu unserem

175

Projekt verloren. Ich konnte nicht wünschen, daß über das, was wir gemeinsam erlebt hatten, und wovon es zeugte, mehr bekannt würde. Vor allem wollte ich nicht, daß daraus eine Theorie entsteht. Theorien ziehen die Philister an. Man soll über Erlebtes solcher Art weder in allgemeinen Ausdrücken reden noch in der dritten Person. Das war der Grund, warum ich an dem schwarzen Freitag kein Wort beitragen konnte und wollte. Du und Ich, Ich und Du. Was darüber hinausging, schien mir von Übel.

Peer hatte den Zustand, den ich meine, angedeutet, als er in seinem langen Brief seinerzeit notierte: Wenn ein Paar sich findet, bricht die Nacht herein. Das war hinsichtlich der Umarmungen gesagt, die in den Dämmerungen zwischen dem Savannenlager und der frühen Hütte aufgekommen sein müssen, in vorgeschichtlichen Zeiten, als die sich Paarenden anfingen, sich anzusehen. Zunächst war mir das als eine von Peers gewohnten Übereilungen erschienen, gemäß seiner Devise: »Ich übertreibe, also bin ich.« Jetzt sehe ich, man versteht es nur, wenn man es buchstäblich nimmt.

Stolz war ich nicht auf mich, als ich in Bonn kein Wort zugunsten unseres Projekts vorbrachte. Im Gegenteil, unseren Mißerfolg wünschte ich herbei, weil ich mir mit einem Mal sicher war, nur eine Ablehnung wäre imstande, unsere Idee vor ihrer falschen Verwirklichung zu schützen. Ich fühlte mich wie Judas Ischariot, der in die Heilsgeschichte einging, weil er bereit war, dem Meister in den Rücken zu fallen.

Übrigens habe ich vor mehr als dreißig Jahren ein Hörspiel geschrieben, das nie gesendet wurde. Der Abteilungsleiter vom Bayerischen Rundfunk meinte seinerzeit, es erscheine ihm metaphysisch überspannt. In Wahrheit stand er zu jener Zeit unter der Fuchtel des argwöhnischen Erzbischofs von München und Freising, der kurz darauf nach Rom versetzt wurde, um die Rechtgläubigkeit der Kirche zu überwachen. Die Handlung war lapidar. Jesus und Judas spazieren an dem kritischen Donnerstag um den Ölberg und verabreden die Sache mit dem Kuß und den dreißig Silberstücken. Das paßte in meine ausklingende leninistische Phase. Ganz dumm war das Motiv ja nicht gewesen: Vorsehung ist gut, Absprache ist besser.

Während der Palaverstunden von Bonn (ich litt Höllenqualen) bildete ich mir ein, ich könnte unser Projekt retten, indem ich nichts tat, was seine Ablehnung durch die Dumpfheit in Frage stellte. Die Dumpfheit, sagte ich mir, soll diesmal tun, wozu sie gut ist.

Glaub nicht, Desiree, ich hätte mir Fähigkeiten zur Überredung zugetraut, die über die der Teamkollegen und der Frau in Rot hinausgegangen wären. Unserem Vorhaben hätte ich so oder so wenig nützen können. Mein Verrat war mit Blick auf die Auswirkungen harmlos. Ich konnte mich damit begnügen, unser Projekt auf logische Weise untergehen zu sehen.

Da saß ich nun mit meiner abweichenden Meinung, der Judas Schellings und von Euch allen. Gegenüber den Kollegen und Kolleginnen werde ich mich erklären müssen.

Zuvor wollte ich Dir unter vier Augen und unsere privaten Adressen nutzend sagen, wie es sich verhält. Den superben Umweg über die Evolutionstheorie, den wir uns ausgedacht hatten, kann ich nicht mehr mitgehen. Ich bin in einer Gegenwart angekommen, die Ausflüge ins Allgemeine nicht erlaubt.

Du und Ich, Ich und Du, das ist alles, was zählt. Es käme mir abwegig vor, in meiner jetzigen Stimmung von unentdeckbaren Hormonen und von der Entstehung erogener Zonen im weiblichen Becken zu reden. Nie wieder Theorie!

Alles Liebe

Kurt

Peer Sloterdijk <sloty@durlacherfreiheit.de>, Karlsruhe, 9. Mai 2015, 11 Uhr 12

An: Kurt Silbe <kusil@t-online.de>;
Beatrice von Freygel <bea.bonadea@orange.fr>;
Desiree zur Lippe <desili@gmx.at>;
Guido Mösenlechzner <moeslech@alice.it>;
Agneta Stutensee <stutensee@gmail.com>

Liebe Kollegen,

Le vent se lève, il faut tenter de vivre.

Ich wünschte, Ihr hattet gute Tage, des Rückschlags vor einer Woche ungeachtet. Wir heben die Quarantäne auf und nehmen den wohlverdienten Landurlaub. Um die Wahrheit zu sagen, seit unser Vorhaben zurückgewiesen ist, gefällt es mir um vieles besser. Ist es nicht herrlich, wenn man keine Widerwilligen überzeugen muß? An eine Neuvorlage denken wir nicht.

Seit ich den Film rückwärts ablaufen lasse, erkenne

ich, wie sein Schluß dem Unternehmen von Anfang an innewohnte. Ich erinnere mich wieder recht gut an die frühe Phase, als die Selbstzweifel noch nicht von der aufgesetzten Zuversicht übertönt wurden. Das wird doch nie etwas, sagten die inneren Stimmen. Wenn jetzt die äußeren das Gleiche meinen, sollen wir es ihnen nicht übelnehmen.

Als wir damals auf die Kennedy-Allee hinausgetreten waren, das Großraumtaxi erwartend, spürte ich eine seltsame Erleichterung. Ihr versteht, warum Menschen meiner Generation das Wort »klammheimlich« nicht mehr ohne Scheu benutzen können, doch gebe ich zu, ein Hauch von Klammheimlichkeit hatte sich in mir geregt.

Es tut unserer Sache nur gut, wenn sie nicht auf akademischen Stelzen laufen muß. Ideen dieser Art brauchen letztlich keine öffentlichen Mittel. Zudem hat von uns niemand die Beihilfen nötig, die der üblichen Antragswut die Schubkraft liefern. In Bonn waren wir keine Bittsteller, wir werden es auch in Zukunft nicht werden. Mit einer souveränen Frage waren wir gekommen, und mit ihr reisten wir ab.

Erinnert Ihr Euch an den Film »Alexis Sorbas«? Darin gibt es eine Szene, die erklärt, was Freiheit bedeutet, nicht zuletzt in bezug auf fixe Ideen, die man sich selbst in den Kopf gesetzt hat. Die Leute auf Kreta hatten eine Seilbahn errichtet, um Baumaterial von den Bergen an die Küste zu transportieren. Es hätte ein schönes Geschäft werden können. Man würde es heute ein Start-up-Unternehmen nennen. Der erste Stamm schon, der herabkam, erwies sich als zu schwer, er riß die Konstruktion von oben bis unten auseinander. Was sagte Sorbas, der Grieche, alias Anthony Quinn, dazu? »Hast du schon einmal etwas so schön zusammenkrachen sehen?« Dabei muß man das Pferdegelächter vor Augen haben, das den häßlichsten Mann der Filmgeschichte so anziehend machte.

Ich schlage vor, daß wir uns Ende Juni tous ensemble in Südfrankreich wiedertreffen. Während des vergangenen Jahres habe ich mein kleines Haus in der Drôme renovieren lassen, es gibt bei uns und bei Freunden in der Nähe einige ziemlich gut eingerichtete Gästezimmer. Ihr werdet dort herzlich willkommen sein. Paßt auf, wenn ich »herzlich« sage, ist das keine Floskel, wie tote Seelen sie ans Brief-Ende setzen. Ein Weingut nebenan liefert einen passablen Rosé, mit dem kommt man in leiser Trance über die heißen Nachmittage. Wir werden Schelling höher leben lassen denn je. Im gegebenen Moment halte ich eine Tischrede über die Efferveszenz. Beatrice, strahlend wie gewohnt, wird sagen, es perlt, mit dem langen E, und sie wird lachen wie eine Prinzessin vom Alten Land.

»Wer spricht von siegen, überstehn ist alles.« Wo habe ich den Satz gelesen? Vielleicht in einem Nachruf auf eine verlorene Hoffnung?

Auf bald!

Peer Sl.

Beatrice von Freygel <bea.bonadea@orange.fr>
Grignan, 9. Mai 2015, 13:05
An: Desiree zur Lippe <desili@gmx.at>
Cc: Peer Sloterdijk <Sloty@durlacherfreiheit.de>;
    Kurt Silbe <kusil@t-online.de>;
    Agneta Stutensee <stutensee@gmx.de>;
    Guido Mösenlechzner <moeslech@alice.it>

Liebe Desiree,

nun schicke ich Dir, wie abgemacht, nach unserer stummen Phase wieder ein Telegramm mit Stichworten aus dem Gedachten und Erlebten der letzten Tage. Ich setze unsere Kollegen ins Cc, da ich meine, wir sollten weniger als je zuvor voreinander Geheimnisse haben. Um ehrlich zu sein, Euren kuriosen Ehrlichkeitspakt hatte ich zuerst für ein Konstrukt unter Kopfmenschen gehalten. Heute kommt es mir vor, als sei er die Seele von allem gewesen.

Weißt Du, Dir verdanke ich einen wichtigen Hinweis. In den verschatteten Tagen seit dem Freitag vor einer Woche hab ich einiges über das Gurdjeff-System in Erfahrung gebracht, bei dem man die Adepten mit diesen seltsamen Unterbrechungen quälte.

Habe ausführlich gegoogelt. Fontainebleau, Institut für die harmonische Entwicklung des Menschen, Begegnungen mit bemerkenswerten Menschen et cetera. Was ich dabei herausgefunden habe, möchte ich ab sofort nicht missen. Das Spiel mit den Unterbrechungen leuchtet zunehmend ein.

Sogar ein neues Wort habe ich gelernt: De-Automatisierung. Darauf muß man erst mal kommen. Wieder so eine olle Intellektuellen-Vokabel, von der ich zugeben muß, daß sie Sinn ergibt, auch wenn man alt genug ist, dem überklugen Gerede zu mißtrauen. Wir reagieren einfach seit jeher zu schnell auf alles. Weißt Du, wir hatten damals im deutschen bürgerlichen Norden keine Ahnung, was in der Welt vor sich ging. Daß wir Automaten sind, wußten wir nicht. Wir waren auf Anstand programmiert, und das war alles. Natürlich spürte man vage, es muß noch etwas anderes geben.

Automaten, die sich für zufrieden halten, sogar für glücklich, haben den Vorzug, warten zu können. Das frühe Dasein war wahrscheinlich ein endloses Geduldsspiel. Ich könnte mir vorstellen, intelligentes Leben auf der Erde habe begonnen, als einige Organismen zu warten anfingen. Warten impliziert, darauf gefaßt zu sein, daß etwas hinzukommt. Wer wartet, läßt der Zeit ihre Zeit. Ich mußte über fünfzig Jahre alt werden, um eine Ahnung zu entwickeln, von welcher Seite sich zeigen würde, was die Zeit in petto hat.

In diesen Tagen lese ich mehr schöne Literatur als früher, ich bin sonst eher der Sachbuchtyp. Wenn ich die dicke Lesebrille trage, erkennen mich manchmal selbst meine Freunde nicht mehr. Ich brauche Dir nicht zu sagen, wer mir riet, die Geschichte »Unschuld« aus dem ersten Band von Harold Brodkeys Erzählungen in einem fast klassischen Ton in die Hand zu nehmen. Die Geschichte liefert das Portrait einer sexuellen Simulantin, erzählt aus der Perspektive ihres Liebhabers.

Orra heißt die Heldin der Geschichte, die als die perfekte amerikanische Studentin präsentiert wird. Es war kein Wunder, wenn sie Verehrer sammelte wie Studienbescheinigungen mit A+. Ginge es im Curriculum um Verehrer, wäre sie längst summa cum laude vom College abgegangen. Doch um sich in im Gehäuse ihrer Vollkommenheit einzurichten, mußte sie nicht nur ihren Bewunderern, sondern auch sich selber ständig eine Komödie vorspielen, genau wie die Mehrheit der jungen Dinger heute, die diese absurden Frauen-Ego-Magazine lesen und ihr Leben vor der Kameralinse führen. Vermutlich ähneln sie deswegen alle einander. Ich beneide die Männer nicht, die nicht mehr entscheiden können, aus welchem Grund man die eine Attrappe der anderen vorziehen sollte.

Orra war damals schon genau das, was man heute als ein Model bezeichnet, eine Vorführpuppe für Statussymbole. Modelle können sich nicht gehenlassen. Wenn man von außen nach innen lebt, gibt es nichts, was von innen her an die Oberfläche will. Wie bei Rilkes Panther gehen bei ihnen die Bilder durch die Pupillen und hören im Innern auf zu sein.

Um ihrem makellosen Selbstbild zu genügen, hatte Orra unzählige Kontakte mit Liebhabern. Wenn sie Sex trieb, warf sie sich manchmal wie eine Tigerin einen halben Meter hin und her, um aufgeklaubten Vorstellungen von Entfesselung gerecht zu werden.

Mit der Zeit begriff der aktuelle Lover das Dilemma seiner grandiosen Freundin. Tapfer wie er war, beschloß er, den Krieg mit ihrem fugenlosen Ego aufzunehmen. Während eines langgedehnten Liebesspiels, grausam ausführlich erzählt, läßt er ihr keine Simulation mehr durchgehen. Er glaubt an den Höhepunkt der Frau wie der Prophet an die Stimme Gottes. Auf nervösen

Knien, mit aufgeriebenem Penis pilgert er, von Orras Posen unbeirrt, zu dem heiligen Schrein. Dank einer Selbstverleugnung, die eines Heiligen würdig wäre, karessiert er ihr Organ eine Stunde lang mit allen Mitteln, die dem Kenner zur Verfügung stehen. Offensichtlich ist er von ihr genügend angetan, um sie für ihre Vollkommenheit zu bemitleiden. Das übrige besorgt sein Liebhaber-Ego, das am Ende doch auch auf seine Kosten kommen möchte.

Zuletzt passiert das Wunder. Nach einem von vielen Rückschlägen verzögerten Liebeskampf erreicht Orra erstmals den Höhepunkt. Und jetzt versteht man den bösen Titel der Geschichte. Das Wort »Unschuld« bezieht sich nicht auf die naive Selbstliebe der jungen Frau, die ihren Aufenthalt im Perfektionsgefängnis durch erotische Sterilität büßen mußte. Der Ausdruck nimmt einen zynischen Klang an, als Orras unerbittliches Ego das Erlebte auf der Stelle für sich vereinnahmt. In triumphalem Ton konstatiert sie, es sei ihr stets klar gewesen, daß sie völlig normal sei, indes ihre bisherigen Liebhaber alles falsch gemacht hätten.

Es gibt in der Geschichte der erotischen Literatur, dessen bin ich sicher, keine Passage, die Brodkeys Beschreibung von Orras Befreiung gleichkommt.

Man sollte eine Weile zusehen, wie eine Libelle, die über den Gräsern schwebt, mit einem Mal ins Offene steigt. Noch driftet sie unberechenbar zuckend hin und her, als wollte sie einem Beobachter den Anlaß geben, ihre Kunststücke im Auge zu halten. Das zarte Geschöpf scheint über die Richtung seines Flugs unschlüssig. In einer Vorstufe von Taumel gleitet es über den Boden, wie wenn es sich mokieren wollte über die biederen Gräser und ihre zur Verwurzelung verurteilte Seinsweise. Dann plötzlich breiten sich die zweiten Flügel aus, um einen unwiderstehlichen Auftrieb zu liefern. Von diesem Moment an wird alles Flug und Sturz nach oben. Binnen einer Sekunde verwandelt sich der Himmel in den Klangboden für einen Jubel jenseits des gewöhnlichen Gehörs.

Ob wir mal über solche Dinge ausführlich reden? Sollten wir nicht bald einen Libellentag machen? Ich würde Dich vielleicht in Wien besuchen?

Mit einem dicken Kuß

Bea

Desiree zur Lippe <desili@gmx.at>
Wien, 9. Mai 2015, 17:02
An: Beatrice von Freygel <beabonadea@orange.fr>
Cc: Peer Sloterdijk <sloty@durlacherfreiheit.de>;
Kurt Silbe <kusil@t-online.de>;
Guido Mösenlechzner <moeslech@alice.it>;
Agneta Stutensee <stutensee@gmx.de>

Liebe Bea, liebe Alle,

es wird höchste Zeit, die Abstinenz aufzugeben, findet Ihr nicht? Ich meine überdies, wir sollten bei unserem Vertrag verbleiben und die Kollegen wann immer möglich mitlesen lassen.

Wer war das noch gleich, der gesagt hat, die Welt der Seele ist in Sympathiesysteme gegliedert? Wahrscheinlich einer von den verdammten toten weißen Männern, die wir intellektuell angekratzten Weiberleute aus Trotz gegen ihre monumentale Gelehrsamkeit nicht mehr lesen.

Liebe Bea, eines ist gewiß, Du und ich, wir gehören dem gleichen Sympathiesystem an. Ich bin ein rosiges Schwein, das fliegt. Schon vor einer Weile habe ich entdeckt, wie das scheinbar dem Erdboden zugeneigte Geschöpf die Flügel ausfährt und senkrecht in die Höhe steigt. Überhaupt ist das Schwein ein äußerst vielseitiges Wesen. Man könnte Gott Vater den Hinweis geben, die nächste Trinität mit ihm zu probieren.

Welches Tier es ist, das in Dir abhebt, habe ich noch nicht herausgefunden. Das Merkmal, auf das es ankommt, ist ohnehin nur die Flugtauglichkeit. Über die Spezies braucht man sich nicht groß Gedanken zu machen. Ob Flugsaurier, Vögel, Heuschrecken, Fledermäuse, Bienen, geflügelte Pferde oder Libellen, es ist die Elevation, die zählt. Von allen Evolutionen ist letztlich nur die der Flügel interessant.

Bald sollten wir uns wieder sehen, spätestens Ende Juni, wie Peer vorgeschlagen hat. Der Termin ist bei mir fest eingetragen.

Übrigens bin ich auch eine von denen, die früh wach werden. Dann heben wir mal zusammen ab und segeln über Deine Zypressen und den kleinen Friedhof bei den Weinbergen. Den sehe ich seit Deinem Flug-Brief vom März gelegentlich ganz deutlich vor mir. Später machen wir unsere matten Männer glücklich. Wenn man schon am Morgen in der Luft war, schlüpft man wie von selbst in die Rolle der guten Fee.

Schaut, Freunde, die Evolution war nie eine Veranstaltung für Idioten. Wenn es ihr Ziel gewesen wäre, die Frauen einer bipedischen Säugetiergattung an die sichtbare Macht zu bringen, hätte der Aufstieg der Männer zu ihrer dürftigen Prahlerei nie stattgefunden. Immerhin hat die Entwicklung die Devise ausgegeben, nach welcher die Sapiens-Männer darauf ausgehen müssen, in uns einzudringen. Da Ei-Besitz die Macht ist, die am Ende zählt, ist »die Frau« der eigentliche Souverän. Souverän ist, wer über den Zugang ins Innere entscheidet. Das Innen bildet die weiblichen Krondomänen. Ist es nicht vollkommen nachvollziehbar, warum so viele Männer zu Macht-Krüppeln wurden? Sie hatten kaum eine andere Chance, als sich kompensatorisch zu Gebietern über dieses und jenes aufzublähen. Als Meister des Universums wollten sie glauben, in jeder Hinsicht am Ruder zu sein. Jahrtausendelang waren die meisten von ihnen dazu verurteilt, Besitz mit Zugang zu verwechseln. Mein Gott, wie wenige haben verstanden, worum es ging! Jeder Hauch von wirklichem Zugang bläst ein Imperium beiseite wie ein Stück Zigarettenasche.

Ich will Dir nicht verschweigen, Bea, daß ich nach dem Zwischenfall von Bonn eine holprige Zeit durchlebte. Ich hatte zu viel eigene Phantasien in das Projekt gesteckt. Nun merke ich, wie die Enttäuschung zur Komplizin werden kann.

Seit einigen Tagen sammle ich Notizen zu einem Aufsatz über das Ironische in der Natur. Dabei ist mir aufgegangen, daß sich an Ironie nichts mit der säugetierischen Sexualität und ihrer Fortsetzung in der menschlichen vergleichen läßt.

Andeutungsweise hatten wir das schon in Karlsruhe

besprochen. Was hat sich die Natur für eine böse Pointe ausgedacht, als sie die Ablage des Eies ins Weibchen-Innere in Erwägung zog! Das Experiment gelang über jedes Erwarten gut, und das Resultat wurde beibehalten. Seither kichert die Natur bei Tag und Nacht über den ausgefallenen Streich. Nach Millionen von Jahren amüsiert sie sich immer noch über die Verlegenheiten, mit denen die männlichen Exemplare der mammiferischen Arten sich plagen, um an das ferngerückte Ding der Dinge heranzukommen.

An dem fatalen Einfall, das Ei nach innen zu legen, hängt die göttliche Komödie der Genitalien. Die handelt ausschließlich von der Aufrichtung der delikaten Nah-Distanz zwischen Ei und Sperma, und ihrer Überwindung durch den Liebeshandel.

Das phallische Männergehabe ist ja nichts anderes als ein Manöver, um die Demütigung durch die Entrückung des Eies in die uterine Fast-Unerreichbarkeit zu überspielen. Die Erektion, was bedeutet sie, wenn nicht eine kuriose Flucht nach vorn? Ist sie nicht nur ein Antrag auf kurzfristige Zulassung zu den entrückten Größen? Es gibt nichts Komischeres als Erektionen. Der Phallus ist, bei Licht betrachtet, nicht mehr als ein überschätzter Pilz. Er ist nicht einmal ein Muskel aus eigenem Recht und hängt ganz jämmerlich ab von Appellen zur stärkeren Durchblutung. Im alten Griechenland gab es Bräuche, bei denen die verheirateten Frauen meterlange Penis-Attrappen durch die Straßen trugen. Phallophorien hießen die wüsten Feierlichkeiten. Die lustigen Weiber vom Piräus wußten noch, wo oben, unten, hinten und vorne war.

188

Sollte die Untersuchung jemals fertig werden, würde das Ganze heißen: »Das Adyton in der Frau«. Es wird eine neue Version von Tempeltheorie darstellen. Wie bekannt war das Adyton das unbetretbare Innerste des griechischen Tempels. Von ihm haben die späteren Christen das Allerheiligste abgeleitet, den entrückten Raum, der allein der Gegenwart Gottes vorbehalten blieb. In älteren Zeiten wurde gelegentlich eine Priesterin gezwungen, die abgedunkelte Zelle zu betreten, nachdem man sie mit Halluzinogenen abgefüllt hatte. Dann belauschte man, wie sie sich erbrach und weissagte.

Jeder Menschenfrauenkörper besitzt ein ausgegrenztes Inneres. Die ovarischen Geheimriten sind dort zu Hause. Bis vor kurzem wußte man zwar, daß sich da nicht geheure Dinge abspielen. Das hormonelle Protokoll war aber völlig unbekannt.

Verrückterweise will bei den Mammiferen das Unbetretbare Besuch empfangen, damit neues Leben entsteht. Im strikten Rückzug lebten früher, dem Adyton-Gesetz gemäß, nur die staatlichen Jungfrauen, die damit beauftragt waren, das heilige Feuer zu hüten. Sie dehnten die Entrückung des Eies auf ihr gesamtes Dasein aus. Ihre Unberührbarkeit wurde bei den Römern zu einer staatstragenden Phantasie. Begegnete ein zum Tode verurteilter Verbrecher auf dem Weg zur Hinrichtung einer Vestalin, so galt er auf der Stelle als freier Mann. Die Vestalinnen hatten den Staatsherd auf dem Tempelfeld zu bewachen. Der seinerseits symbolisierte den Familienherd. An dem wurde von alters her die Matrone als Ofen des Seins ehrwürdig gemacht.

Bei den profanen Frauen setzte die Natur, nachdem sie nun einmal auf die ironische Spur geraten war, Himmel und Hölle in Bewegung, um dafür zu sorgen, daß das Unstatthafte so oft und heftig wie möglich geschieht. Sie machte aus dem Entrückten eine Attraktion. Nur unter dem Adyton-Aspekt läßt sich erklären, warum beim Menschen die weiblichen Exemplare meistens schöner sind als die männlichen. Überall sonst sind die Männchen die glänzenden Exemplare. Durch Schönseinmüssen entrichten die Mammiferen-Frauen den Preis für die Ironie ihrer bevorzugten Rolle.

Doch die Ironisierung macht auf dieser Stufe nicht halt. Die Natur entrückt, wie bemerkt, das Ei in die innerweibliche Transzendenz und verurteilt den Sucher zu einer makabren Zudringlichkeit, solange er auf die Annäherung an den Ei-Raum Wert legt. Sag selbst! Ist es nicht monströs, daß der Anbeter, ob er will oder nicht, jedesmal bereit sein muß, eine Tempelschändung zu begehen, wenn er ans Objekt der Verehrung herankommen möchte? Läuft nicht jede Penetration auf einen Frevel am Unbetretbaren hinaus? So zu reden ist kein Zugeständnis an das Ressentiment von Hasserinnen im Kostüm von Partisaninnen der Gleichheit. Es ergibt sich aus dem Sinn für Diskretion. Was hat ein Kerl im Inneren der Frauen zu suchen? Nun ja, der alte Schopenhauer hat wohl das Richtige getroffen, wenn er die Fortpflanzung als ein sehr ernsthaftes Geschäft der Gattung bezeichnete.

Viel höher steigt die Ironie, wenn die Ovulation zum Stillstand kommt! Du bist Ende vierzig. Das Ei hat seine Rolle ausgespielt. Trotzdem setzt sich beim männlichen

Pol die Gewohnheit fort, seinen Vorhof aufzusuchen, und das Entgegenkommen des weiblichen Apparats drückt sich nicht selten jetzt noch unmißverständlicher aus als je zuvor. Die Indizien sprechen in diesem Punkt eine klare Sprache. Aufs Hochplateau gelangen die lustigsten Weiber, nachdem der Bezug zur Fortpflanzung erloschen ist. Auch in einem tieferen Sinn müssen die Kinder aus dem Haus sein, bevor wir uns selbst gehören.

Ich möchte das nicht näher ausführen. Es ist ein Faktum, obgleich ein esoterisches, daß Frauen erst ab fünfzig für die totale Übertreibung bereit sind. Sobald es biologisch sinnlos geworden ist und die Familienplanung ins Leere läuft, wirft das Liebesspiel die Fesseln ab. Man könnte meinen, die Natur tendierte von sich her zum Absurden. Das Sinnlose ist es, das volle Genugtuung gibt. Vom Dienst am Zweck befreit, zeigt die Lust erst, bis wohin sie geht.

Da siehst Du, wozu es gut sein kann, wenn man in Bonn Steine in den Weg gelegt bekommt. Mit einem Mal kann ich mich wieder freuen, nicht zuletzt auf unsere Begegnung im kommenden Monat.

Auf bald!

Desiree

Beatrice von Freygel <bea.bonadea@orange.fr>
Grignan, 10. Mai 2015 01:23
An: Desiree zur Lippe <desili@gmx.at>

Liebe Desiree,

Du glaubst nicht, was in den letzten Stunden hier
passiert ist. Es ist geradezu, als hätte man mir das Dach
über dem Kopf weggesprengt. Das schreibe ich natürlich Dir allein, da ich die Kollegen unmöglich ins Cc
setzen kann. Ein Bericht über das, was ich eben erlebt
habe, wird von unserem Subjektivitätsvertrag nicht
mehr abgedeckt. Der Titel einer Ehrlichkeitskönigin
würde ohnehin nicht zu mir passen. Ich weiß nun, wie
schrecklich das Subjektive sein kann.

Vor allem möchte ich nicht, daß Peer mitliest. Er
würde es nicht gut aufnehmen, dessen bin ich sicher.
Ich muß ihn vor den Fakten schützen. Wie oft hat er
mich ermutigt, ich solle in jeder Hinsicht tun, wonach
mir zumute ist. Immer wieder hat er mir versichert,
wenn er mich auch über alles liebt, sei er doch über die
Eifersucht hinaus. Zumindest bemühe er sich bei diesem Affekt um Abstinenz, da er ihn für einen Anschlag
auf die Selbstachtung hält. Ich bin mir nicht so recht im
klaren, ob das nicht eine Beschwörungsformel ist, mit
der er seine Angst vor erlittener Untreue in Schach hält.
Bei aktiver Untreue ist er, wie man manchmal hört, lei-
densfähiger. Ich muß nicht Psychologie studiert haben,
um einzusehen, daß er Zurücksetzungen fürchtet.

In puncto Eifersucht empfinde ich völlig anders. Mir
erscheint sie als das Normalste von der Welt. Um die
Wahrheit zu sagen, stört es mich gelegentlich, wenn

mein Gefährte so tut, als stehe er schon ganz olympisch darüber. Auf mich wirkt das, als wolle er sich einen unfairen Vorteil verschaffen. Soll er es ruhig versuchen. Bei meinen Überzeugungen will ich bleiben.

Ob er noch schweben würde, wenn er erführe, was während der letzten Stunden geschehen ist, möchte ich lieber nicht herausfinden. Ich habe in meinem Haus im Süden seit gestern Abend einige Möbelpacker aus Osteuropa, vier Mann, die mit einem gemieteten Lastwagen angerückt waren, um einige Stücke aus meinem mit Möbeln überfüllten Haus in meine deutsche Bleibe zu überführen, wo ich sie besser brauchen kann. Sie hätten beinahe die Toreinfahrt in Schutt gelegt. Sie blieben über Nacht in den Gästezimmern und verbrachten den ganzen Samstag mit dem Aufladen der Objekte. Ungebildete Klötze, fast Hooligans, ein wenig verwahrlost, mit Löchern in den Socken und fleckigen T-Shirts, doch irgendwie nicht unsympathische Kerle. Am Abend lungerten sie in der Küche herum und öffneten zahllose Flaschen. Ich hatte einige Bier-Vorräte beschafft, doch als die aufgebraucht waren, griffen sie nach den Beständen des Weinkellers. Ich bin nicht sicher, ob sie überhaupt noch imstande waren, den Unterschied zwischen Bier und Wein zu registrieren.

Unter ihnen waren zwei massive Bulgaren und ein Koloss aus Moldavien, Schränke von Männern, ungeschliffen und ohne Sinn für Ort und Atmosphäre. Der Chef war ein Tscheche, der ein wenig Französisch sprach. Nach getaner Arbeit füllten sie mein Haus mit ihrem Besäufnis und dem Lärm ihrer Stimmen. Ich hatte nicht die geringste Angst vor ihnen. Als Mädchen war ich mit Pferden aufgewachsen und konnte schon immer sorglos mit Lebewesen umgehen, die größer waren als ich.

En détail möchte ich nicht berichten, was vorhin, kurz nach elf Uhr, in Gang kam, als ich mit einem Buch auf der Couch vor dem Kamin lag, vom zweiten Glas Champagner leicht angeheitert. Ich las ein paar Seiten im »Mann ohne Eigenschaften«. Einen Moment lang dachte ich darüber nach, wie es kommt, daß man zugleich erhoben und gelangweilt sein kann. Irgendwann ließ ich die Lektüre sinken.

Im Rückblick verstehe ich nicht, wieso ich mitmachte bei dem, was folgte. Mitmachen ist nicht das richtige Wort. Abends trage ich im Haus meistens keinen Slip unter dem Kleid. Wahrscheinlich hatten die Kerle mein unbefangenes Dasitzen auf dem Sofa mit angezogenen Knien als eine Aufforderung verstanden. Übrigens finde ich es manchmal nicht schlecht, wehrlos zu scheinen.

Die Floskel »eintreten ohne anzuklopfen« hatte ich bislang für eine Redewendung gehalten, die nur in englischen Romanen vorkommt. Nachdem der riesenhafte Moldavier sans autre forme de procès in mich eingedrungen war, wollten die übrigen Kerle uns auf der Stelle Gesellschaft leisten. Ihre Umstandslosigkeit war für mich verblüffend. Binnen einer Minute war ich von offengelegten Männerunterleibern umringt, deren Inhaber mir ihre Schwänze wie Fackeln auf einem Verlobungsfest entgegenhielten. Ich überließ mich ihren Annäherungen in der Gewißheit, es würde nichts passieren, was ich nicht letztlich selber wollte. Zu Recht hielten mich die Grobiane für ein unhysterisches Mädchen. Was Ressentiments sind, weiß ich nicht, schon gar nicht im Verhältnis zwischen Männern und Frauen. Vermutlich nahmen sie an, man würde nachträglich keine Maut entrichten müssen. Solche Typen haben zum Weiterdenken kein Verhältnis. Ich mag das, die Weiterdenker sind mir zu kompliziert. Ich gönnte den Anwesenden, daß sie wußten, es würden später keine Briefe vom Anwalt kommen.

Mit einer gewissen Rührung bemerkte ich, während die Dinge sich entwickelten, wie aus diesen Schränken eine unpersönliche hastige Zärtlichkeit hervorbrach. Glücklicherweise war der Andrang aus dem Unzivilisierten für mich nicht wirklich abstoßend. Geruch von verschwitztem Mann kann ich seit jeher gut vertragen. Mit dem Geschmack von Sperma bekomme ich nur dann ein Problem, wenn es an verrottetes Spülwasser erinnert.

Die Kerle schienen Vertrauen in meine Verfügbarkeit zu haben, und ich war nicht in der Stimmung, sie vorzeitig wegzuschicken. Vielleicht hätte ich es tun sollen? Doch hat die Bewegung sich einmal in Gang gesetzt, bin ich nicht die Richtige, sie aufzuhalten. Das Quartett der Schwänze würde mich nicht unterbeschäftigt lassen, soviel war mir offenkundig. Ich bin keine Person, die sich deklarierten Tendenzen in den Weg stellt. Außerdem, wenn ich in meinem Leben etwas begriffen habe, dann dies, daß jeder Tölpel sich nach wenigen intimen Minuten mit mir für einen Ausnahmeliebhaber hält. Die groben vier müssen das auf ihre Weise gewittert haben.

Ich schloß die Augen und ließ mich von der Aktion

davontragen. Es lag in der Natur der Dinge, daß ich nicht wußte, wer in mir gerade an der Reihe war. Namen waren nicht genannt worden, falls doch, hatte ich sie mir nicht gemerkt. Für eine neue Vorstellung war es zu spät. Ich ließ sie unsortiert gewähren. Seit jeher war ich körperlich beweglich. Meine Öffnungen waren fortwährend mehrfach belegt, falls du verstehst, was ich meine. Als einer der Kerle sich in mein Gesicht entlud, begriff ich, ohne einen Einwand zu erheben, er war zu ungeduldig, um auf einen freien Platz unten zu warten.

Wie lange es in realer Zeit gedauert hatte, könnte ich nicht leicht sagen. Vielleicht vier Minuten oder fünf? Solche Typen kommen schnell zum Schuß und haben in der Regel keine zweite Patrone. Über innere Zeitmaße kann ich naturgemäß keine Angaben machen. In der Musik spricht man von himmlischen Längen. Etwas von dieser Qualität wird im Spiel gewesen sein. Wenn die Minute zur Stunde wird, ahnt man, was die Zeit wirklich ist.

Die Marschallin im »Rosenkavalier« sagt zu ihrem Bettschatz, dem lachhaften Jüngling Octavian, der gerade mal siebzehn Jahre alt ist und von Frauensachen nicht das geringste weiß, die Zeit sei so ein seltsames Ding, sie riesel zwischen unseren Schläfen. Lass sie rieseln, möchte ich ihr zurufen. Diese Dame, da bin ich sicher, war eine Tucke aus dem vergilbten Adel, bei dem die Differenz zwischen Sichgehenlassen und Etikette im Verschwimmen war. Solche Brokatvogelscheuchen hatten von echten Erlebnissen nur eine ferne Idee. Sich einen Siebzehnjährigen als Liebhaber halten, während sich der Herr Ehemann in den Weiten des Reichs umtut, mein Gott! So ein armer Junge spritzt nach einer Minute ab, die Dame rettet sich ins wissende Lächeln. Man lächelt leicht, wenn man nicht weiß worüber. Später kann man so tun, als gäbe man aus purer Großmütigkeit her, was einem das Liebste war.

Man müßte den »Rosenkavalier« aus dem Repertoire streichen. Das Libretto suggeriert, was man auf keinen Fall weiter zugeben darf. Die Pseudoerotik der reiferen Dame sollte heute niemanden mehr interessieren. Ist nicht die Marschallin eine Simulantin, die sich selber noch viel mehr vormacht als den anderen? Am Ende hat man nur Betrug für hohe Stimmen und großes Orchester. Das Publikum, das es natürlich auch nicht besser weiß, versammelt sich, um die Täuschung zu bejubeln. Solche Marschallinnen lassen sich zuerst für ihre Bett-Lügen bewundern und danach für ihre menschliche Reife feiern. Nie würde eine Frau, die das Gefühl kennt, ihren Liebhaber ohne Szene hergeben. Brodkey, der ein ebenso bedeutender Künstler war wie Hofmannsthal, doch resoluter, meine ich, würde den »Rosenkavalier« für Möbelpacker umschreiben.

Mein Gott, Desiree, wohin soll das führen? Wieso passiert mir so etwas ausgerechnet jetzt? Kann es sein, daß ich in meinem Alter das Opfer von Übertreibungen werde?

Wir müssen uns unbedingt bald sehen.

Beatrice

Kurt Silbe <kusil@t-online.de>
10. Mai 2015 10:02
An: Desiree zur Lippe <desili@gmx.at>
Cc: Peer Sloterdijk <sloty@durlacherfreiheit.de>;
     Guido Mösenlechzner <moeslech@alice.it>;
     Beatrice von Freygel <beabonadea@orange.fr>;
     Agneta Stutensee <stutensee@gmx.de>

Liebe Kollegen,
    gern hätte ich Euch weiterhin als Mitstreiter ange-
sprochen, doch da ich nach dem Tag von Bonn diesen
Titel nicht mehr beanspruche, ziehe ich eine allgemeine
Anrede vor. An meiner Zuneigung zu Euch und dem
Kern unseres Unternehmens zweifelt gefälligst nicht.
    Ich will um meine Stummheit während der Anhö-
rung nicht viel Worte machen. Durch ein einschnei-
dendes Erlebnis bin ich mir bewußt geworden, daß der
Weg der Theorie nicht mehr der meine sein kann. Im
nachhinein scheint mir, es war nur die Freude über die
wiederauflebende Freundschaft mit Peer gewesen, die
mich von meinen fast schon befestigten Überzeugungen abgebracht hatte. Die zeigen in eine ganz andere
Richtung.
    Doch möchte ich festhalten, je ne regrette rien, we-
der die gemeinsam zurückgelegten Etappen noch die
plötzliche Trennung von unserem verrückten Projekt.
    Seit einer Woche denke ich viel über Verrat und
Fahnenflucht nach. Klänge es nicht wie ein Plädoyer
pro domo, würde ich behaupten, es gibt nicht genug
Verräter in der Welt. Es fehlt an Deserteuren, die die
wichtigen Sachen im Stich lassen. Ich verabscheue die

Sachen als solche mehr denn je. Was sind sie denn? Es sind Unternehmungen, in denen das Du-und-Ich und das Ich-und-Du nicht mehr an der ersten Stelle stehen. Das Zuviel der Sachlichkeit hat die Welt verdorben. Sie ist schuld, wenn wir nicht mehr im Paradies leben. Dort wäre alles Beziehung ohne Außen geblieben.

Ihr solltet es mir nachsehen, daß ich erneut zu mir gekommen bin.

Andererseits wäre ich gern dabei, wenn unsere aufgelöste Schlachtreihe sich im provençalischen Sommerlager als Gruppe von Urlaubern wiedertrifft.

Im übrigen, ich wüßte gern, ob ihr der Behauptung zustimmen könnt, wonach Urlaub das unheimlichste Wort der deutschen Sprache bildet? Urlaub, Urlaub, Urlaub! Man muß die dunkel hallenden Silben oft genug nacheinander aussprechen. Dann stehen die Schachtelhalmwälder vor uns auf. Zwischen riesigen Pflanzen erproben unscheinbare erste Tiere ihre Räume. Noch sind die Mammiferen eine Utopie. Das Unmögliche kriecht an den Strand. Die Tiefe lernt gehen. Amphibien verlegen sich aufs Leben am Boden.

Wer wird das jemals begreifen? Aus einem Muttertier ins Offene kommen und sich dort einrichten, als ob das eine glaubhafte Adresse wäre? Woher dieser wahnhafte Exodus ins Unsichere? Und woher die maßlose Unbescheidenheit, zu wissen, daß man erlöschen wird? Daraus entsteht die innere Zeit, die Lebensspanne rollt sich vor uns aus, ein rissiges Seil, dessen Enden sich im ewigen Grau verlieren. Im Offenen leben, das ist das furchtbare Sichlosreißen vom Umgebenden. Dieses von Gefahr betrunkene Aufsteigen ins Nichtpositive.

Rilke hat in einer der Elegien die Verlegenheit ausgesprochen: »Und wie bestürzt ist eins, das fliegen muß und stammt aus einem Schooß.« Wie merkwürdig doch Rilkes Fehler ist: Er spricht über Vögel, als wären sie Lebewesen, die von Müttern geboren wurden! Kein Fehlurteil könnte aufschlußreicher sein. Der Dichter setzt uns Bodenwesen den Geschöpfen gleich, die zum Fliegen verurteilt sind. Aber hat er nicht recht? Daß auch wir Auftrieb haben, wer möchte es abstreiten?

Die Übertreibungsgeschichte ist nicht am Ende. Inzwischen übertreibt die Technik stärker als die Natur. Bald werden wir das Säugetier hinter uns haben.

Ich bin ein Hörspielmensch. Neigung und Beruf disponieren mich dazu, das Dasein als Geräuscherzeugung aufzufassen. Manchmal kommt es mir vor, als hätten die Alten es besser gehabt als wir. Sie durften glauben, die Welt sei eine für sinnliche Menschen nicht hörbare Musik. Ich zweifle daran mehr und mehr. Eher scheint es mir, die Welt ist ein Stöhnen. Wird man still, hört man es überall.

In herzlichster Zuneigung mit der Bitte um Verständnis.

Kurt

Kurt Silbe <kusil@t-online.de>
Köln, 10. Mai 2015 11:30
An: Desiree zur Lippe <desili@gmx.at>

Liebste Desiree,

soeben habe ich einen Brief an unser Team gesendet,
in einem Ton, der auf halbem Weg zwischen Entschul-
digung und Bekenntnis liegt. Du wirst ihn wie die übrigen Aktiven in wenigen Minuten erhalten.

Ich muß Dir etwas sagen, Du Liebe, was mich beunruhigt, obschon es mich auch heftig stimuliert! In unserem Abenteuer, was für ein schäbiges Wort, doch ein
unvermeidliches, gibt es eine Klangfarbe, die mich noch
mehr in Staunen versetzt als alles übrige.

Ist Dir bewußt, daß Du beim Liebesspiel nicht durchwegs dieselbe Frau bleibst? Das eine Mal wimmerst Du
auf dem Höhepunkt wie ein schuldbewußtes Kind,
das eine Bestrafung auf sich nimmt. Das andere Mal
stöhnst Du als sterbender Krieger, wenn er mit dem
Gott der Schlachten eins wird.

Das erstaunlichste war, daß der Tonartwechsel während der Bonner Nacht mehrere Male vor sich ging. Ich
bin sicher, ich hörte das dreizehnjährige Mädchen mehr
als einmal in Ekstase wimmern, als wollte sie alles zugeben. Sie schien zu geloben, nie mehr so schlimm zu sein.
Ein Kinderschänder war ich nie, jetzt könnte ich es jederzeit werden. Auch die Agonie des Kriegers wiederholte
sich mehrere Male. Er nahm die Welt wie eine Grabmit-
gift in sein Stöhnen. Ich mußte an die babylonische Göttin Inanna denken, die auf alten Reliefs mit geflochte-
nem Bart und hervorstehenden Brüsten dargestellt wird.

Welche von den beiden Stimmen gehörte der Geliebten, die ich meinte? Bist Du einmal die perverse Kleine mit den halboffenen Augenlidern, die stolz darauf ist, früh defloriert zu werden, um die Mutter einzuholen? Ein andermal ein Mann, der sich ins Schwert stürzt, entschlossen, Schluß zu machen mit Leid und Lüge? Bei Dir bin ich zwei wollüstigen Verzweiflungen begegnet, die sich gegenseitig ablösten. Ich wollte, ich könnte wenigstens in einer Richtung so verzweifeln.

Nun hätte ich Lust zu sagen, Ihr seid verrückt, ihr Frauen.

Schreib mir, was Dir einfällt!

Gerade geht eine Idee mir durch den Kopf. Ich sollte ein Hörspiel machen über das Motiv der Zweistimmigkeit. Man hat das Duett noch nicht zu Ende gedacht. Bin neugierig, wohin das führt.

Beatrice von Freygel <bea.bonadea@orange.fr>
Grignan, 10. Mai 2015 11:35
An: Guido Mösenlechzner <moeslech@alice.it>

Lieber Guido,

hoffentlich haben Sie mir inzwischen meinen Überfall in Bad Godesberg verziehen. Ob Sie für mein Benehmen Verständnis aufbringen, werde ich wohl nie in Erfahrung bringen. Anfangs, das darf ich für mich in Anspruch nehmen, lag es mir fern, Sie in Verlegenheit zu versetzen.

Zu meiner Entlastung, Guido, möchte ich Ihnen zur

Kenntnis geben, daß ich manchmal mitten in der Nacht aufwache und nach wenigen Sekunden weiß, wie aussichtslos es ist, wieder einschlafen zu wollen. So ging es mir auch an dem Tag vor der DFG-Sitzung. Zwischen drei und vier Uhr früh durchquert man oft eine schwierige Zone, in der sich Wachsein und Traumwelt nicht ohne weiteres auseinanderhalten lassen. Meistens stehe ich auf und versuche, mich abzulenken, mit einer Lektüre oder mit einer Manipulation an mir selber. Normalerweise merkt der Bettgefährte es nicht, wenn ich für eine Stunde oder zwei woanders war. Er wendet sich mir träg-heiter zu, wenn mein Körper gegen Morgen wieder da ist. Wie eine laue Post nimmt er ihn noch mal in den Halbschlaf mit.

Ein wenig Mitschuld tragen aber auch Sie, da Sie die Tür nicht abgesperrt hatten. Sie sollten bemerkt haben, daß Sie mir nicht gleichgültig waren. Sie hätten die Kette vorhängen sollen. Hoffentlich fassen Sie es nicht als eine Beleidigung auf, wenn ich sage, daß Sie mich an Reinhold Messner erinnern, der mein Idol ist, seit ich denken kann. Schon als Mädchen habe ich zu ihm aufgeblickt, wenn er seine Auseinandersetzungen mit den senkrechten Wänden vorführte. Männer, die in der Vertikalen zu Hause sind, haben es mir angetan.

Sie sehen ihm ja zum Verwechseln ähnlich. Die Verbindung des Virilen mit dem Träumerischen spricht mich unglaublich heftig an. Bei einem Mann dieses Typs werde ich zur Nachtwandlerin. Ich wollte der eine Achttausender sein, auf dem er noch nicht war. Vielleicht gibt Ihnen das den Schlüssel zu meinem unverantwortlichen Verhalten. Ich möchte zu bedenken geben: Um vier Uhr morgens sind Verwechslungen am ehesten entschuldbar.

Natürlich nahm ich nach einer Weile wahr, daß Ihnen meine Handreichungen nicht so viel bedeuteten, wie ich gewünscht hätte: Für ein paar Sekunden war ich beleidigt. Man engagiert sich ja nur, wenn man binnen einer sinnvollen Frist ein Ergebnis sieht. In solchen Momenten bin ich zu impulsiv. Zuerst dachte ich, soll doch der Klettermaxe bei seinen ollen Achttausendern bleiben.

Dann besann ich mich und sagte mir, wenn er schon keine Lust hat, seinen Mann zu stehen, möge er in Gottes Namen eine andere Rolle ausprobieren. Meine früheren Freunde hatten sich gelegentlich damit amüsiert, zu behaupten, es gebe etwas Phallisches an mir. Ich habe ein Wörterbuch konsultiert und war mit dem, was ich las, einverstanden. Immerhin, in der schlafwandlerischen Nacht kam es mir vor, als hätte ich bei Ihnen das Richtige getroffen. Intuition ist eine meiner Stärken. Unbefangen bin ich in sexuellen Dingen seit je, auch was das Reden darüber angeht, vorher, nachher und währenddessen.

Sie müssen wissen, vor dreißig Jahren habe ich mit einem Gynäkologen aus Holstein zusammengelebt, zehn Monate lang, was bei mir damals den Beziehungsrekord darstellte. Er erzählte mir öfter von Vorgängen aus seiner Praxis. Irgendwann bemerkte er nebenbei, Männer und Frauen reagierten auf anale Stimulation gelegentlich ähnlich heftig. Zu jener Zeit probierten wir miteinander einiges aus. In Bad Godesberg mußte ich spontan an ihn denken. Gern hätte ich ihn auf der Stelle angerufen, um ihm zu sagen, ich wüßte, daß er recht hat.

Aber man telefoniert nicht um vier Uhr früh, nachdem man sich dreißig Jahre lang nicht gesehen hat. Ohnedies habe ich seine Nummer gar nicht mehr.

Seltsam ist es doch. Man denkt zufällig an jemanden, mit dem man seit einer Ewigkeit nicht mehr in Kontakt war. Kommt die Erinnerung zurück, geht das Gespräch genau an der Stelle weiter, wo es stehengeblieben war. Allerdings kann ich nicht mit Sicherheit behaupten, ob wir zuletzt über Analerotik gesprochen hatten.

Lieber Guido, am besten ist es, wenn wir an das Geschehene nicht mehr rühren. Was wäre das Leben ohne Vergessen.

Also noch einmal, nehmen Sie mir, wenn es irgend möglich wäre, das Vorgefallene nicht allzu übel.

Ihre

Beatrice v. Fr

Guido Mösenlechzner <moeslech@alice.it>
Meran, 10. Mai 2015 14:55
An: Beatrice von Freygel <bea.bonadea@orange.fr>

Verehrte liebe Frau von Freygel,

die Worte fehlen mir noch immer. Viel früher schon hätte ich eine Zeile an Sie senden sollen. Eine lange Zeile wäre es geworden, in einer für mich ungewohnten Diktion.

Bitte verstehen Sie mich nicht falsch. Das Silentium unserer Gruppe war nicht das, woran ich mich gebunden fühlte, obschon es mir angesichts des Erlebten sehr am Platz schien. Es waren andere Gründe, die mich sprachlos machten. Seit dem Zwischenfall von Bonn spüre ich, wie sehr ich zwischen die Generationen gefallen bin. Die frühere, scheint mir, ist in manchem zu weit gegangen, die jetzige wagt sich in vielem nicht genügend voran. Epigonen der Freiheit neigen dazu, Feiglinge zu werden.

Wie kommen Sie auf den Gedanken, wundervolle Beatrice, ich könnte Ihnen das Geringste übelnehmen? Darf ich mich denn darüber beklagen, daß Sie die Decke über meinem Dasein weggezogen haben?

Bisher hatte ich das Wesen des Geschenks nur auf der Ebene meines Fachs bedacht. Den Spuren der Soziologen aus Frankreich um 1900 folgend, meinte ich, es sei genug, wenn man begreift, wie mit dem Geschenk die Tauschwirtschaft einsetzt. Ging nicht aus dieser alles hervor, was wir bis heute für die Wirklichkeit halten? Wirklichkeit! Wer kann diesen Ausdruck noch ohne Furcht und Zittern verwenden? Wer versteht denn dieses ungeheure System aus Nehmen, Geben und Schuldigbleiben? Ist nicht das Dasein im ganzen eine offene Rechnung?

Nun habe ich eingesehen, das reale Geschenk ist nicht erwiderbar. Wie leicht vergißt man, ein Anthropologe ist ein Mensch, und ein Mensch ist ein Anthropologe, der sich noch nicht versteht. Wer Ethnologe ist, bleibt ein Sohn seiner Hemmungen.

Nachdem Sie gegangen waren, liefen die Tränen frei. Ich ahnte, an welchem Ufer ich den Platz finde, der meiner Natur gemäß ist.

Ich werde außerstande sein, meine Schuld bei Ihnen

zu begleichen. Ich nehme mir vor, in jedem freien Menschen einen engen Verwandten von Ihnen zu sehen.

Guido M.

Peer Sloterdijk <sloty@durlacherfreiheit.de>
Karlsruhe, 10. Mai 2015 19:03
An: Kurt Silbe <kusil@t-online.de>
Cc: Guido Mösenlechzner <moeslech@)alice.it>;
     Desiree zur Lippe <desili@gmx.at>;
     Beatrice von Freygel <bea.bonadea@orange.fr>;
     Agneta Stutensee <stutensee@gmx.de>

Liebe Freunde,

aus gegebenem Anlaß denke ich seit ein paar Tagen über den Begriff Enttäuschung nach, der von alters her zu den Requisiten des Theorie-Theaters gehört.

War nicht schon für Platon der Mensch das Tier, das sich fürs erste unvermeidlich irrt? Man ist umstellt von Bildern oder Anblicken, die vorgeben, uns die Welt zu zeigen, wie sie ist, doch hinter den Bildern und Anblicken wirken Gesetze, die dem Auge fremd bleiben. Im paradiesischen Irrtumsraum schweift das naive Tier umher, bis es vom Engel der Enttäuschung vertrieben wird. Man könnte behaupten, das Glück ist nichts anderes als die Lizenz zum unbefristeten Aufenthalt im störungsfreien Unwissen.

Beim alten Benn findet man eine analoge Idee in sarkastischer Wendung: »Dumm sein und Arbeit haben, das ist das Glück.« Das dürfte eines der wenigen Motive sein, in denen sich der Philosoph und der Lyriker einig würden. Mehr als jeder Denker vor ihm hat Hegel, der als idealistischer Haudegen den Geistesvorrang vor dem bloßen Leben verfocht, die negative Qualität der Erfahrung hervorgekehrt. Für ihn ist Erfahrung Enttäuschung und gleichbedeutend mit der Durchstreichung einer unzulänglichen Vormeinung.

Beispiele gefällig? Hegel selbst gibt in seiner Vorlesung zur Philosophie der Geschichte ein starkes Exempel, wenn er die Kreuzzüge des Mittelalters zur Befreiung des Heiligen Grabes abhandelt. Nach seiner Ansicht bestand die zum Untergang verurteilte Naivität des katholischen Glaubens in der Vermutung, man werde Gott zu Jerusalem wie eine Mumie im Grabe vorfinden, um ihn dann gleich einer Reliquie im Triumph nach Europa zu transportieren, sei es nach Rom, nach Aachen oder nach Paris. Das Grab von Jerusalem findet man unvermeidlich leer.

Angesichts der schreienden Leere kommt der Geist Europas zu sich selbst. Er ist von der Enttäuschung erleuchtet. Ihm fallen die katholischen Schuppen von den Augen. Ihn durchdringt die Evidenz, die Wahrheit dürfe nur noch unter der Form der Geistigkeit und Innerlichkeit gesucht werden. Der geistige Gott ist der spurlos Verschwundene. Das bessere Wissen kommt auf dem Enttäuschungsweg zustande.

Ich habe ein anderes Lieblingsbeispiel vor Augen. Wenn ich sagen sollte, welche Enttäuschung für den Intellekt der Modernen die unfaßbarste und nützlichste, zugleich die verheerendste, war, würde ich auf das Jahr 1783 deuten, als Lavoisier, der Chemiker, in seinem

Labor in der Rue Neuve des Bons Enfants zu Paris das Wasser entzauberte. Man muß sich das in allen Konsequenzen vorstellen. Von Urzeiten her konnten Menschen nicht anders, als im Wasser das Urelement zu sehen, aus dem das Leben hervorgegangen war. Hat nicht Bachelard gesagt: Das Wasser gibt uns unsere Mutter zurück? Und reimt sich Mutter nicht auf Element?

Dann geschieht der chemische Frevel, indem Lavoisier, auf den Spuren seines englischen Kollegen Cavendish, den Nachweis erbringt, daß Wasser kein Element ist, sondern die Synthese zweier Gase, die man in Zukunft Wasserstoff und Sauerstoff nennt. Seit diesem Augenblick sind wir verwaist. Kein Mensch kann von Gasen abstammen.

Die Katastrophe des Wassers reicht so tief, weil sich an unserer Wahrnehmung als solcher nichts ändert. An den Küsten rollen die Wellen heran wie immer. Auf der Ebene des Wissens hingegen bleibt nichts mehr beim alten. Man weiß sogar, daß man den Begriff Element falsch verwendet hatte. Aber was bedeutet es denn, wenn man es weiß?

Aus jeder Pfütze flüstert das Wasser dem Betrachter zu, ich bin in Wirklichkeit zwei Gase! Halte mich ruhig weiter für ein Element, es macht nichts ... Die Welt will betrogen werden. Nie werde ich aufhören, dich zu täuschen. Dir zuliebe bleibe ich ein Element, auch wenn meine Papiere sagen, ich sei aus der Ehe von Gasen hervorgegangen. Dir präsentiere ich weiter die Erscheinung, unter der ich dir anfangs gegenübertrat. Mit meinem Wesen will ich dich nicht belästigen.

Kurzum, was ich sagen will, wir sind, seit es Wissenschaft gibt, Bürger zweier Welten. Philosophie ist Diplomatie. Sie leitet die Verhandlungen zwischen den ersten Eindrücken und den Monstren, die beim Nachdenken auftauchen.

Nun habe ich den Faden verloren. Macht nichts. Wer nicht reden kann, soll zitieren.

»In der That, wir Philosophen und ›freien Geister‹ fühlen uns bei der Nachricht, dass der ›alte Gott todt‹ ist, wie von einer neuen Morgenröthe angestrahlt; unser Herz strömt dabei über von Dankbarkeit, Erstaunen, Ahnung, Erwartung – endlich erscheint uns der Horizont wieder frei, gesetzt selbst dass er nicht hell ist, endlich dürfen unsere Schiffe wieder auslaufen ...«

Auslaufen. Was für ein heiteres Wort! (Bei Schiffen und Büchern).

Peer

PS

Ich wollte Euch noch signalisieren, daß ich morgen nachmittag für eine knappe Woche in den Süden fahre. Ihr könntet mich auch dort per Mail immer erreichen. Mir gehen Dinge durch den Kopf, die ich in meinen deutschen vier Wänden nicht klären kann. Zu Hause bin ich nie allein genug. Ich möchte ohne Pläne sein und aufs Wasser schauen. Mit dem Meer habe ich ohnedies eine Rechnung offen.

Peer Sloterdijk <sloty@durlacherfreiheit.de>
11. Mai 2015 01:14
An: Guido Mösenlechzner <moeslech@alice.it>;
Beatrice von Freygel <bea.bonadea@orange.fr>;
Agneta Stutensee <stutensee@t-online.de>;
Kurt Silbe <kusil@t-online.de>;
Desiree zur Lippe <desili@gmx.at>

Liebe Freunde,
vorhin hat sich auf meinem Mail-Server ein Ereignis abgespielt, das mich verstört. Im Service-Zentrum der Hochschule war es am Abend zu einer Explosion in einem Transformator gekommen. Man alarmierte die technische Einsatztruppe, die in ernsteren Fällen auch nachts verfügbar ist.

Von Vorgängen dieser Art und ihrer Erledigung habe ich als Geisteswissenschaftler älteren Typs naturgemäß nicht die geringste Ahnung. Kittler, der die Digitalität früher als andere begriffen hatte, hätte mehr dazu sagen können. Er hat sich, erotisch schwerverwundet, zur Unzeit totgesoffen, was man ja auch verstehen kann.

Ich hatte bei der Arbeit am Bildschirm bemerkt, daß sämtliche Server-Funktionen ausgefallen waren. Während einiger Stunden gingen weder Punkt noch Komma rein und raus. Als gegen Mitternacht das System wieder hochgefahren wurde, hatte ich die folgende Nachricht auf dem Bildschirm. Ich leite sie kommentarlos weiter.

Nicolaus Sombart
<nicosom@univers.edu.lull-futuh>
00 00 0000. 00 hhhh 00
An: <all-∀all-@univers.edu.lull-futuh>

Schellingianer!

Ich dürfte wohl sagen, seit geraumer Weile habe ich Euch auf meinem Bildschirm, wenn das Wort »Weile« aus meiner Sicht noch Sinn ergäbe. Naturgemäß ist der Terminus »Bildschirm« metaphorisch zu verstehen. Wir bevorzugen hier Darstellungsmittel, von denen Ihr Euch keine Vorstellung macht.

Die großen Worte liegen mir nicht … Von Anfang an war mir das »Schelling-Projekt« sympathisch, obschon diese Wendung erneut in die Irre führt. Von meinem Standort aus hat Sympathie keinen Sinn. Sympathisieren heißt simultan leiden. Für unsereinen ist dergleichen bedeutungslos. Die Lebenden bilden sich alle möglichen Geschmacklosigkeiten ein. Unter anderem entwickelten manche von ihnen die Idee, eine Affekt- oder Leidensgemeinschaft bilde die Basis der Gesellschaft. Ich sage nur, die Soziologie ist eine verlorene Mühe.

Schellingianer, eine Parole rufe ich Euch zu: Ihr sollt um alles in der Welt mit Eurem Vorhaben weitermachen! Bleibt auf Eurer Bahn! Laßt Euch von Ignoranten im Staatsdienst nicht ins Bockshorn jagen, schon gar nicht von den Mogulen aus Heidelberg oder Freiburg, die vorgeben, den Deutschen Idealismus und seine Zerfallsprodukte auswendig zu kennen!

Haltet die Spur. Nicht oft haben in Mammiferengehirnen lokalisierte Intellekte eine solche Gelegenheit, den Dingen auf den Grund zu schauen.

Weiterreichende Ratschläge habe ich nicht zu geben. In meiner Sphäre ist alles auf zeitfreie Betrachtung umgestellt, indes Ihr Euch um Argumente bemüht, die nacheinander abgewickelt werden, Wort für Wort, Satz für Satz. Für Leute, die linear argumentieren und Hypothesen auf Zeilen entwickeln müssen, hat man hier Mitleid. Natürlich ist ein Wort wie »Mitleid« erneut nicht richtig gewählt. Die Pathologie des Lebens wird bei uns durch Nuancen ersetzt, die in der Daseins-Grobmotorik unbekannt sind. Ihr wäret überrascht, zu entdecken, daß Tod nur ein anderes Wort für den Übergang in feinste Nuancen ist. Im Unmerklichen geschieht mehr als im Offensichtlichen.

Was die Lebens-Seite angeht, kann ich definitiv bekunden, daß ihr das Richtige getroffen habt. In der jubelnden Frau kommt das Universum zu sich. Das ist der unendliche Satz, auf den die Evolution aus war, als sie den Anfangsknall riskierte. Von vornherein wollte sie es auf die Verzückungsspitze treiben. Um es in Rätselform auszudrücken: Als Frau ist die Natur immer am Ziel und auf halbem Weg.

Ich darf für mich in Anspruch nehmen, Einsichten wie diese bereits mehr oder weniger unmißverständlich formuliert zu haben, als der Rest der Welt noch dem üblichen Soziologen-Unsinn auf den Leim ging. Zu meiner Zeit redete man über den tendenziellen Fall der Profitrate, die Differenz von System und Umwelt, die kommunikative Kompetenz, die Grenzen des Wachstums, den Nord-Süd-Konflikt, die Risikogesellschaft, den vaginalen und klitoridalen Orgasmus und was an Schimären solcher Machart sonst in den von Vulgärdiskursen okkupierten Gehirnen spukte.

Wie tief die Menschen durch Tagesthemen sinken, vermögen nur Erloschene zu ermessen. Nicht leicht stellt man sich das Gähnen zwischen den Galaxien vor, in dem hier solche Aufgeregtheiten untergehen.

Selbstverständlich gab es in den irdischen Palavern auch Anteile an Wahrheit. Kein Mensch besteht nur aus Irrtümern. In keiner Sprache kann man ausschließlich lügen. Die treibende Kraft hinter dem großen Wahrheitsgetue war stets, daß jemand mit opportunen Diskursen auf sich aufmerksam machen wollte.

In der Welt sein und glauben, recht zu haben, das reimt sich auf ganzer Strecke. Nietzsche hatte die empfindliche Stelle richtig angepeilt und doch im Entscheidenden danebengetroffen. Der Wille zur Macht, mein Gott, was wollte diese amateurische These besagen?

Macht, wenn man sie wirklich innehat, erweist sich als etwas kolossal Lästiges. Wie sollten die vielen je den Willen zu ihr haben können? Nietzsche, der kraft seiner Talente ein Großer unter Großen war, ist hier seiner Lust an der Übertreibung zum Opfer gefallen. Mehr noch erlag er seiner Neigung, aus der Kunst in die Theorie zu regredieren.

In Wirklichkeit wollen die Tröpfe doch etwas ganz anderes: Sie möchten wie sie gehen und stehen gerechtfertigt sein. Mit allen Mitteln streben sie danach, die Einsicht in ihre Minderwertigkeit zu vermeiden. Kein Preis ist ihnen zu hoch, um den Kopf über die anderen zu heben. Was ihnen Antrieb liefert, ist der übermächtige Drang, zu den Guten zu gehören. Gut ist, wer anklagen darf, ohne anklagbar zu sein.

Nein, nein, in diesem Punkt sehen wir seit einer Weile klarer als unser Freund Nietzsche. Machtstreben ist nur bei den wenigsten das treibende Motiv. Die vielen wollen vor sich selbst und in den Augen der anderen zu den Guten zählen. Das Universum soll sie zum Mitarbeiter des Monats machen. Ihnen schwebt vor, beim Einzug der Heiligen in die Aula das Barett zu tragen, die Robe der Ewigkeit auf den Schultern. I want to be in that number.

Nebenbei gesagt: Mit einer gewissen Genugtuung habe ich wahrgenommen, doch Genugtuung ist wieder ein unpassend terrestrischer Ausdruck, daß Sloterdijk kürzlich in meinem Buch »Pariser Lehrjahre, 1951-1954. Leçons de Sociologie« (der Vollständigkeit halber füge ich hinzu: 1994 bei Hoffmann und Campe erschienen), einige Passagen mit Bleistiftanstreichungen hervorgehoben hat. Ich halte diese Schrift nach einiger Besinnung nun doch für mein Hauptwerk, weil ich darin vom Werden meiner empirischen Persönlichkeit mehr gezeigt habe als in den übrigen, mehr sachlich orientierten Büchern. Der Mann hat Sinn für Relevanz. Auch daß er für die Unterstreichungen Faber Castell 8 b benutzt, den Stift mit dem hinreißend samtigen dunklen Strich, zeigt, der Mann hat zudem Stil.

In den bewußten Abschnitten S. 331 f. geht es um einen Vorgang, den man in deutscher Philistersprache eine Orgie nennt, auf französisch heißt es die partouze, auf englisch gang bang. Wenn ich selber das Wort Orgie benutze, spreche ich naturgemäß griechisch. Ich sage dort mit der für mich damals typischen Bestimmtheit:

»Eine Stadt, in der keine Orgien stattfinden, ist eine tote Stadt.« Wer wissen möchte, wodurch die These »cachet« erhält, möge die Stelle nachlesen. Ich merke an, wir schrieben damals das Jahr 1954.

Im Jahr 2008 des im Westen üblichen Kalenders ist mir zugestoßen, was man umgangssprachlich den Tod nennt. Eigentlich ist dies nicht weiter der Rede wert. Ich erwähne das Datum, um anzudeuten, daß ich mich nach meiner Pariser Initiation 54 Jahre lang unter Leuten aufhalten mußte, mit denen man über das Wesentliche nur in Andeutungen reden konnte. Natürlich suchte ich mir meine Gefährten und Gefährtinnen aus, so gut ich konnte. Ich fand, in Strasbourg, in Berlin und anderswo, einige, die *Gott* sei Dank nicht ganz verschlossen waren. Damals sagte man mir nach, ich sei inkorärent, eitel und mitttelmäßig.

Kaum jemand begriff, daß mein Schweigestress immens war. Auf griechisch heißen Gefährten *hetairoi*. Hetärisch Begabte finden sich glücklicherweise im männlichen wie im weiblichen Lager. Schönheitssinn meint ja vor allem Empfänglichkeit für die Signale seitens möglicher Gefährten. Was man das Menschsein nennt, ist, wenn es keine Phrase bleibt, eine unauffällige Umschreibung für das geglückte Zusammensein mit den Geeigneten.

Zum Thema *Gott* könnte ich, nebenbei bemerkt, einiges beitragen, was hier zu weit führen würde. Diesbezüglich gehöre ich inzwischen zu den gut unterrichteten Kreisen. Das Schöne am Aufenthalt auf der anderen Seite liegt nicht zuletzt darin, sich mit dem Höchsten blind zu verstehen.

Daß man hingegen im sogenannten Leben, sprich in der temporär erfolgreichen Zusammenballung von Billionen Zellen unter Menschengestalt, selten jemanden trifft, mit dem man sich durch Blick und Wink und Wendung ohne weiteres austauscht, rechnet unter die uneleganten Aspekte des Daseins. Im übrigen finde ich, sobald Zahlen allzu groß werden, sollten Mensch mit Sinn für Diskretion sich abwenden. Heute führen die Komplexitätsproleten das Wort. Sie blasen sich mit ihren Datenmengen auf. Mit solchen Leuten habe ich gottlob nichts mehr zu tun.

Beiläufig wollte ich über die Inexistenz einiges Gutes anfügen. Ich war mit ihr, wie ich inzwischen begriffen habe, schon zu Lebzeiten bekannt geworden, wenn auch nur unter Masken und Anonymen. Nahegekommen bin ich ihr vor allem durch Zustände nach Liebesspielen, wenn das Nirvana seine Hülle spannte.

Zwei Privilegien hebe ich hervor, die das Nichtsein geradezu empfehlenswert machen: Man muß nicht mehr vor Sicherheitskontrollen Schlange stehen. Vom Seitenaus des Seins her verachtet man alle, die, aus welchen Gründen auch immer, diese Vulgarität hinnehmen.

Was aber mehr als alles übrige zählt: Man sieht keine Touristen mehr in den Innenstädten. Die Abscheulichkeit namens Rucksack hat hier für immer aufgehört. Diese Wohltat spricht definitiv für den Zustand, der bis auf weiteres der meine ist.

Auf demnächst in der Welt der Nuance.

Nicolaus

Desiree zur Lippe <desili@gmx.at>,
Wien, 11. Mai 2015 5:12
An: Peer Sloterdijk <sloty@durlacherfreiheit.de>
Cc: Kurt Silbe <kusil@t-online.de>;
     Guido Mösenlechzner <moeslech@alice.it>;
     Beatrice von Freygel <bea.bonadea@orange.fr>;
     Agneta Stutensee <stutensee@gmx.de>

Ihr Lieben,

Schlaflosigkeit macht zuweilen Sinn. In heller Aufregung lese ich Peers späte Mail und die weitergeleitete Botschaft von Nicolaus S.

Hoffentlich haltet Ihr mich nicht für völlig durchgeknallt. Es ist kein Bluff, wenn ich Euch versichere, ich wußte von Anfang an, daß wir unter Beobachtung stehen. Für solche Dinge habe ich seit jeher meine Antennen.

Ich suche nach einer Alternative zum verschlissenen Konzept der Paranoia. Sich beobachten lassen müssen, ohne wahnsinnig zu werden, ist das nicht das Überthema unserer Zeit? Sind wir nicht auf allen Seiten von nicht-deklarierten Beobachtungen umzingelt?

Der Einkreisung durch ambivalente Mit-Intelligenzen, von denen unklar ist, ob es freundliche oder feindliche sein werden, können wir nicht entrinnen. Wir sollten sie zumindest richtig benennen. Man müßte einen Begriff dafür finden. Ein Akt der kognitiven Notwehr drängt sich auf.

Paranoia drei Punkt null? Das wäre allzu naheliegend, jeder Dumpfling in beratender Funktion will inzwischen mit Digital-Talk Eindruck machen. Sollte

man es wieder mit »Metanoia« versuchen? Der schöne Ausdruck ist leider durch Frömmelei vorbelastet. »Philonoia«? Das klänge zu pazifistisch. Was haltet Ihr von »Telenoia«? Wie sollte man unser Dasein im gesehenen Sehen anders beschreiben? Wir sind ins video-pathologische Stadium geraten. Hilfe!
Desiree

Beatrice von Freygel <bea.bonadea@orange.fr>
Grignan, 11. Mai 015 8:20
An: Desiree zur Lippe <desili@gmx.at>
Cc: Guido Mösenlechzner <moeslech@alice.it>;
Peer Sloterdijk <sloty@durlacherfreiheit.de>;
Kurt Silbe <kusil@t-online.de>;
Agneta Stutensee <stutensee@gmx.de>

Liebe Freunde,
Die Nachricht von Nicolaus Sombart habe ich vor wenigen Minuten freudig erschreckt gelesen. Ich kannte ihn nicht persönlich, aber ich weiß, wer er war. Während der Milchschäumer summte, öffnete ich meine Post und sah nach, was sich über Nacht eingestellt hatte. Das Wort Nachtleben nimmt für mich eine veränderte Bedeutung an, seit ich sehe, wie viele Leute mir nach dem Lichtauslöschen Gedanken widmen.
Zufällig war mir die bewußte Passage aus dem Pariser Erinnerungsbuch von Sombart präsent, weil ich mir Peers Anstreichungen kürzlich angesehen hatte. Ich hatte plötzlich wissen wollen, wieso er beim Lesen des öfteren vor sich hin murmelte, wie er es sonst nur tut,

wenn er schreibt. Wie kommt es, daß ein Intellektueller gelegentlich zum halblauten Lesen übergeht? Da spielen sich beunruhigende Dinge ab.

Ich muß zugeben, daß ich dem Impuls zur Indiskretion manchmal nicht widerstehen kann. In seltenen Momenten flammt eine gewisse Eifersucht in mir auf, und weit und breit sehe ich kein Gegenmittel. Bei mir fühlt sich Eifersucht an wie ein vornehm schlichtes Verlangen nach Wahrheit. Sie ermächtigt mich zu allem, was Klarheit schafft. In solchen Situationen bin ich überzeugt, nicht leben zu können, wenn ich vom Inneren des anderen nicht alles weiß. Wenig später bin ich wieder souverän. Dann sage ich mir, soll er doch anstreichen, wozu er Lust hat.

Die angemerkte Stelle war ein paar dunkle Linien wert, auch einen Schwarm von Ausrufezeichen am Rand. Sombart berichtet dort mit dem Vibrato des Einverstandenen, wie eine splitternackte junge Frau, in puncto Hemmungslosigkeit unbedingt volljährig, mit üppigem Schamhaar und aufgeklappten Schenkeln auf einem Casino-Tisch liegend, während eines gutorganisierten nachmitternächtlichen Orgienspiels von zwei Dutzend, in tadelloses Schwarz gekleideten Männern reihum begattet wurde.

Zu jener Zeit, das versteht man sofort, setzte die Orgie das Ritual voraus. Wie Sombart verrät, ereignete sich die Szene in dem Etablissement Roi René, das vormals als der absolute Pariser Geheimtipp galt. Wer das Roi René nicht besucht hatte, war vielleicht irgendwo in Frankreich gewesen, nur nicht in Paris.

Mit dem Auge des erwachenden Voyeurs beschreibt

Sombart, wie ein mit Hilfe von Spiegeln raffiniert arrangierter Licht-Punkt auf das hellrot klaffende, vom Sperma-Schaum überfließende Organ der Frau fiel. Dank der akkurat choreographierten Zudringlichkeit ihrer Adoranten erlebte die Anonyme auf dem Begattungstisch mehr als ein Dutzend Höhepunkte, ohne daß etwas darauf hindeutete, ihr Appetit auf weitere Ekstasen könne sich erschöpfen.

Mich überläuft ein Schauer bei der Vorstellung, daß Nicolaus und andere Verklärte zusehen, wenn ich in den Zustand gerate, bei dem das Zählen aufhört. Im übrigen war ich, als ich in den »Pariser Lehrjahren« diesen Bericht überflog, auf das selige Opfer der Prozedur, die Dame in Weißglut, nicht im geringsten neidisch. Im Gegenteil. Obwohl ich es kaum je auf dem Tisch gemacht habe, dachte ich, von den Unseren wußten es also einige schon damals.

Ist es nicht aufwühlend, sich vorzustellen, unsere Höhenflüge würden für immer dokumentiert? Als Mädchen habe ich mir den Himmel als einen Konzertsaal vorgestellt. Wenn Horowitz spielte, wollte ich alle achtundachtzig Tasten sein. Heute könnte ich mir eher denken, der Himmel gleicht einem Tonarchiv. Darin hören wir uns selbst wieder seufzen. Vielleicht ist, was man das Reich Gottes nannte, eine Gelegenheit, seinen gesammelten Höhepunkten wieder zu begegnen? In diesem Fall wären die Asketen die Dummen, es sei denn, sie hätten die Dinge, die ihnen entgingen, durch Ekstasen kompensiert, die unsereins nicht kennt.

Ich frage mich, ob es nicht unanständig ist, sich vorzustellen, die Jenseitigen schauten sich mein Triebleben

221

auf einer Art von Über-YouTube an. Ist das, was wir für die Morgenröte halten, die Reaktion der Heiligen auf das, was sie über Nacht im Hyperfernsehen beobachtet haben? Ob Desiree an so etwas denkt, wenn sie ein Wort wie »Telenoia« ins Spiel bringt?

An Euch alle die herzlichsten Grüße aus diesem unfaßbaren Frühsommer. Er prahlt vom frühen Morgen an mit Lichteffekten aus der Zauberoper. Die Weinstöcke blühen entfesselt, der Hochsommer bereitet sich vor, die Tore zu öffnen. Auf ihren Traktoren sitzen die schon am Vormittag betrunkenen Weinbauern und sprühen, was das Zeug hält. Man möchte meinen, sie legen es darauf an, die Weinfreunde zu vergiften. Die Statistik sagt allerdings, wir werden immer älter.

Auf bald, Ihr Lieben

Eure

Bea

Guido Mösenlechzner <moeslech@alice.it>
Meran, 11. Mai 2015 18:02
An: Kurt Silbe <kusil@t-online.de>
Cc: Desiree zur Lippe <desili@gmx.at>;
Beatrice von Freygel <bea.bonadea@orange.fr>;
Peer Sloterdijk <sloty@durlacherfreiheit.de>;
Agneta Stutensee <stutensee@gmx.de>

Liebe Freunde und Kollegen,

erlaubt mir, gleich zu Beginn ein Wort in eigener Sache zu sagen. Ich möchte mich selbst und meine

Situation etwas ausführlicher erklären und bitte um ein wenig Geduld. Bei meiner seinerzeitigen Stellungnahme zu Eurem Ehrlichkeitsverkehr in den Märzbriefen hatte ich mich, wie Ihr bemerkt habt, ohne mich zu tadeln, auf die Haltung des minimal teilnehmenden Beobachters zurückgezogen. Dafür waren lebensgeschichtlich erworbene Hemmungen verantwortlich zu machen, um von milieubedingten Vorbehalten nicht zu reden. Ich dachte, Abstand, Ironie und Wissenschaft sind Kinder einer Familie.

Inzwischen weiß ich, es gibt Gründe, meine Einstellung zu dem von Euch vorgeschlagenen Procedere zu revidieren. Wäre es möglich, würde ich mir nachträglich das meiste von dem zu eigen machen, was Ihr zum Thema persönlicher Ehrlichkeit gesagt hattet.

Besonders Kurt Silbe möchte ich für meine abwehrende Reaktion auf seinen Impuls um Verständnis bitten. Er war der Genius, der uns das Stichwort Subjektivität zurief, sieht man von Sloterdijks Parlando ab, das den modus operandi von Anfang an illustrierte.

Durch ein Erlebnis am Rande der Bonner Konferenz – aber Rand und Mitte wechseln ja gelegentlich die Plätze – ist mir klar geworden, daß Ihr recht hattet, als Ihr für entgrenzte Dialoge unter uns plädiertet. So gut ich kann, will ich versuchen, zu der im Gang des Austauschs entstandenen Gemeinsamkeit aufzuschließen.

Das Risiko, opportunistisch oder lächerlich zu scheinen, nehme ich auf mich. Darf ich mit einer persönlichen Aussage beginnen?

In der Nacht vor unserer Bonner Konferenz habe ich zum ersten Mal seit vielen Jahren geweint, wahrscheinlich fast eine halbe Stunde lang. Über den Vorgang, der die Tränen auslöste, soll hier nichts gesagt werden, da er nicht mir allein gehört. Es könnte gegen fünf Uhr früh gewesen sein. Das ist die Zeit, zu der in billigen Romanen die Gräfin das Haus verläßt. Das Hotel war totenstill, Schritte entfernten sich, eine Tür schloß sich leise. In mir stiegen vergessene Lebenszeichen auf.

Könnt Ihr mir glauben, wenn ich versichere, daß ich vergessen hatte, was Tränen sind? Auch war mir ganz entschwunden, durch welche Zustände sie bewirkt werden. Von Berufs wegen kenne ich die Literatur, in der man Lachen und Weinen als Merkmale der conditio humana beschreibt. Was das Lachen angeht, fehlte es mir an Erfahrung nicht. Wir Südtiroler sind ein Menschenschlag mit sanguinischen Komponenten. Ich bin ein Gewächs unserer Region, der Süden schickt seine Ausläufer bis zu den Alpen.

Das Weinen muß ich, als ich Student in Wien war, unbemerkt verlernt haben. Es hörte irgendwann von selber auf. Vielleicht ist es ein Nebeneffekt des Anthropologie-Studiums, daß man am Repertoire des Menschlichen nur noch zur Hälfte teilnimmt. Möglicherweise kann man nicht zugleich Mensch und Beobachter sein, den gängigen Behauptungen über die teilnehmende Beobachtung zum Trotz, um von der oft kopierten, doch so gut wie nie befolgten These von der Beobachtung zweiter Ordnung nicht zu reden.

Daß ich ein homo theoreticus bleibe oder, wenn Ihr so wollt, ein Nachdenklichkeitskrüppel, mögt Ihr an folgendem Umstand ablesen: Wenige Tage nach dem erwähnten Ereignis in der Nacht von Bonn schaute ich auf Google unter dem Begriff Tränen nach. Dort las ich einigermaßen verblüfft, daß Menschen im Lauf eines Monats oder Jahres, ich erinnere mich nicht mehr so genau, literweise Tränenflüssigkeit produzieren. Das hat mit der Selbstregulierung des Auges zu tun und bedeutet emotional nichts.

Emotionstränen sind ein eigenes Kapitel. Eine Studie aus den USA soll ergeben haben, daß Männer affektbedingt durchschnittlich 17mal im Jahr weinen, Frauen 64mal. Was mich beunruhigt, ist nicht die Kluft zwischen den beiden Zahlen. Sie paßt zu meinen basalen Auffassungen von den Gender-Verhältnissen. Mich verwirrt die Zahl 17, mit der man den Durchschnittswert der emotionalen Tränen-Episoden auf männlicher Seite beziffert. Wenn der Wert nicht völlig fiktiv ist, was ich nicht glaube, obwohl ich Google-Zahlen grundsätzlich mißtraue, müßte ich in meinem bisherigen Leben dreißigmal siebzehnmal zu weinen versäumt haben. Jetzt kommt es mir vor, als hätte ich in Bonn einen guten Teil der fünfhundertundzehn versäumten Tränenausbrüche nachgeholt. Über Nacht bin ich an die Seite Heraklits geraten, von dem es seit alten Tagen heißt, er sei der Philosoph gewesen, der schluchzte, weil er die Weltgesetze zu gut verstanden hatte, indes Demokrit, der so unwahrscheinliche Dinge wie die Atome und die Leere dozierte, zeitlebens als der große Lachende auftrat.

Im übrigen habe ich dieser Tage kurzerhand die Arbeit an der Studie über okzidentale und orientalische Erotik in Angriff genommen, die ich auf Jahre zurückgestellt hätte, wäre unser Antrag erfolgreich verlaufen.

In diesem Zusammenhang fiel mir ein Buch des

Sufi-Mystikers Ibn Arabi über die Liebe in die Hände, das ich anregend finde, obschon seine undisziplinierte Schreibweise mit ihrer bleiernen Ausführlichkeit und ihren schamlosen Wiederholungen für den zeitgenössischen Leser eine starke Zumutung darstellt. In diesem Auszug aus Ibn Arabis Mekkanischen Eröffnungen – er stammte aus Murcia, starb 1240 in Damaskus im Alter von 75 Jahren und wird in den Sufi-Enklaven des Nahen und Mittleren Ostens bis heute als Meister der Meister verehrt – fand ich eine Episode, die über die erotische Kultur dieser Weltgegend einigen Aufschluß gibt und indirekt auch über die westliche ars amandi.

Ein Schüler, der in Liebe zu einer Frau entbrannt ist, begibt sich zu einem Meister, um sich mit ihm über seine erotische Leidenschaft auszusprechen. Der Scheich gibt ihm freimütig Auskunft. Während der Alte redet, löst sich der Körper seines Gastes in eine klare Flüssigkeit auf. Als kurz danach ein anderer Besucher auftaucht und fragt, wo denn der Fragesteller geblieben sei, den er zuvor habe eintreten sehen, deutet der erleuchtete Scheich auf eine Pfütze am Boden. »Das ist, was übrig ist von dem Mann, den ich vor kurzem empfangen habe. Er ist zu dem Wasser geworden, aus dem dereinst Allah alles erschaffen hat.«

Können wir noch verstehen, was die Parabel bedeutet? Vermutlich dachten die Orientalen jener Epoche, wie vor ihnen die Griechen, von denen sie das meiste übernommen hatten, Liebe sei der Zug zur Regression in den gestaltlosen Anfang. Nichts scheint verständlicher, als daß Gleiches Heimweh nach dem Gleichen hat. Sobald alles allem gleicht, bleibt kein Verlangen unerfüllt. Das Wasser stellte das Urelement dar, das zwischen dir und mir und allem anderen das Gleichheitszeichen setzt. In erster Lesung wäre Liebe ein Programm zur Aufhebung von Differenz. Zuletzt soll alles, was ist, nachdem es den Umweg über das Vielfältige genommen hat, wieder ins Eine heimkehren. Aus den Zelten des Nahen Ostens läßt ein vergröberter Platon grüßen.

Ibn Arabi macht aber dabei nicht halt. Wenige Seiten später erläutert er, der in Wasser Aufgelöste habe das Wesentliche nicht begriffen. Gott hatte nämlich Lust, unendlich oft ein Einzelnes zu werden. Ein Gedicht an Allah bringt diesen Gedanken zum Ausdruck:

»Denn Du hast Dich vereinzelt
In der Form meines Seins.
Folglich scheint da hindurch
Dass etwas Vollkommeneres als ich
Nicht ins Dasein gelangen kann.«

Das klingt autistisch bis ins Äußerste, doch bedenkt man in der Regel nicht, daß Autismus an erster Stelle theologisch zu denken war. Autist ist, wer kein Zweites braucht. Das Gottes-Ich darf legitimerweise selbstbezüglich bleiben. Aufgrund seines unermeßlichen Selbstbezugs ist ihm jedes Extrem von Extraversion und Vielgestaltigkeit willkommen. Gott will sich ins Einzelne verbreiten, weil er die Macht besitzt, auch aus der verlorensten Ferne zu sich zurückzufinden. Nur aus diesem Grund ist es dem Dichter erlaubt zu sagen, Vollkommeneres als sein Ich sei nicht vorstellbar. Wenn Allah

Lust hatte, meinem Ich einen Besuch abzustatten und Über-Ich in meinem Ich zu sein, wer wäre ich, wollte ich das Vollkommene anderswo als in mir suchen?

Von dieser Problemlage, scheint mir, ist auszugehen, will man sich mit den subtileren Aspekten des Islam befassen. Allerdings ist sie kein islameigenes Ergebnis, sondern folgt aus der Überwältigung des koranischen Materials durch das Einheitsdenken des späten Hellenismus. Nietzsche hatte das Christentum Platonismus für das Volk genannt. Er hat versäumt hinzuzufügen, Islam ist Platonismus für Beduinen.

Als Anthropologe und Völkerkundler frage ich, wie man die Grundlagen so starker Überhöhungen zu begreifen hat. Anthropologie beruht auf dem Niedrignehmen der menschlichen Tatsachen. Sie setzt voraus, der Mensch sei letztlich ein trübes Tier, verurteilt zu Bodennähe und verlegenen Manövern zwischen Geburt und Tod.

Was mich beunruhigt, ist die Tränenfrage.

Wenn ich weine, spüre ich, wie mir das Wasser aus den Augen schießt. Kämen bloß zwei Gase aus meinen Augen, wäre es etwas völlig anderes. Ich weine ja nicht, um Wasserstoff und Sauerstoff die Gelegenheit zu geben, sich auf meine Kosten zu vereinigen. Ich weine in dem guten Glauben, daß aus meinen Augen ursprüngliches Wasser fließt, Wasser, über dem der Geist Gottes schwebte, bevor die Schöpfungsbefehle ausgesprochen wurden, versetzt mit dem Anteil von Kochsalz, der Menschentränen salziger als Mittelmeerwasser erscheinen läßt. Merkwürdigerweise heißt es in der Literatur, Männer- und Frauentränen hätten nicht die gleiche Salzigkeit. Als in Tränensachen Unerfahrener frage ich, wie kam das Meer in meine Augen? Was schulde ich dem Sauerstoff und dem Wasserstoff und was dem mineralischen Teil, wenn mir die Tränen rinnen?

Im übrigen bin ich im Gang meiner vergleichenden Studien über orientalische und okzidentale Erotik zu der Überzeugung gelangt, daß dem Mythos von den Paradiesjungfrauen ein todbringendes Mißverständnis zugrunde liegt. Die Suren 44 (Der Rauch) und 52 (Der Berg) habe ich im Lauf der Jahre wieder und wieder gelesen, berührt von der poetischen Energie jener Stücke. Jedesmal habe ich dennoch den Impuls empfunden, an den kritischen Stellen den Kopf zu schütteln.

Was hat man in die knappen Sätze nicht alles hineingelesen! Die großäugigen Huris! Die hellhäutigen Gefährtinnen der Toten, die im Kampf für die eine Wahrheit fallen! Im Lauf der Jahrhunderte legten zwei kleine Zeilen die Keimzelle zu einem Nachtfilmstudio. In dem berauschten sich Unzählige nach Einbruch der Dunkelheit an hochgiftigen Harem-Sensationen. Sie durften Brüste berühren, die nie der Schwerkraft unterlagen. Sie besaßen das Vorrecht, Vaginen zu atmen, deren cremige Sanftheit den Kämpfertod wert war.

Ein Anthropologe ist froh, kein Papst zu sein. Er darf auch ex cathedra irren, hierin den Inhabern des Heiligen Stuhls näher verwandt, als jenen bewußt ist. Aber er nimmt seinen Lehrstuhl zu ernst, um sich mit dem erstbesten Irrtum einzulassen.

Daher möchte der Anthropologe der Mitwelt zur Kenntnis bringen, daß alles, was die Paradiesmädchenphantasien betrifft, auf einem Mißverständnis ohne

Grenzen beruht. Das ist keine von den islamfeindlichen Thesen, wie man sie heute überall aus der Feder von Ignoranten liest. Man darf dem Islam, seinem grimmigen Rigorismus zum Trotz, vieles verzeihen. Er hat einen nennenswerten Teil der Erdenbewohner vor der Depression bewahrt, indem er aus wirren Versen Beflügelungen erzeugte. Bei Augustinus hieß es »tolle, lege!«, »Nimm und lies!«. Die Schrift, sobald sie heilig wird, ergibt das stärkste Antidepressivum. Nach Mohammed hatte sich der Aufruf zur Lektüre um eine Stufe weiter ins Manische verschoben. Lies und schlage los! Soll der Rest der Welt den Preis dafür bezahlen, daß du nicht länger in der sandigen Aussichtslosigkeit versinkst!

Wir Anthropologen kennen sprachbasierte Alchemien dieser Art seit langem ziemlich gut. Wenn wir vom Pult herab sagen sollten, was die Menschheit ist, würden wir antworten, sie ist ein Club zur Abwehr der Verzweiflung. Da sind diese Abermillionen von zitternden Einzelnen, die dunkel wissen, daß es mit ihnen zu Ende gehen wird. Sie dürften letztlich ab sofort die Hände in den Schoß legen. Aber was treiben sie? Sie denken nicht daran, zu tun, was »letztlich« naheläge. Zu allem sind sie bereit, zum Letzten nicht! Also stürzen sie sich in Berufe, Firmen, Staaten, Missionen, Feldzüge.

Der einzige Denker, der, wie mir scheint, das Problem punktgenau erfaßt hatte, ist der fast vergessene Pierre Janet, Freuds verdunkelter Zeitgenosse, der schon im Titel seines Buchs »Von der Angst zur Ekstase« von 1926 das Wesentliche auf den Begriff brachte. Wenn es auch nur von den inneren Wandlungen einer mystisch begabten Hysterikerin handelte, erfaßte der Autor an ihrem Fall das Menschheitsthema. Freud, vielen Fehlgriffen zum Trotz noch immer klassisch, hatte den besseren Instinkt für die Präsentierung der psychologischen Sensation bewiesen. Er verstand sich darauf, aus dem Sagen der Wahrheit ein Metier zu machen. Janet, der Psychophilosoph, verlor das Duell, obwohl seine Theorie das größere Volumen aufwies, weil er, als Theoretiker älteren Stils, der Meinung anhing, es genüge, das Richtige auf eigene Rechnung auszusprechen. Freud hingegen war in erster Linie Schriftsteller gewesen. Ihm war klar: Am Ende entscheidet die Medienkompetenz. Daß ein Großteil der Menschendramen aus der Transformation von Angst in Ekstase hervorgeht, man könnte auch sagen von Misere in Mission oder von Ratlosigkeit in Berufung, hätte man aber seit längerem wissen können.

Die Sache mit den Paradiesmädchen läßt mich auch deswegen nicht los, weil ich als Zeitgenosse und Westmensch die verheerende Komponente an ihr mit zunehmender Heftigkeit verspüre. Je mehr die Selbstmord-Pest islamisierenden Stils näher an die okzidentale Sphäre heranrückt, desto dringender wird es, die Dinge von den Quellen her richtigzustellen.

Der Islam ist die einzige größere Religion der Geschichte, die das Jenseits von Grund auf mißversteht. Seine Besessenheit von den Höllenstrafen für die Anders- und Ungläubigen sollte man ihm unnachgiebig vorhalten – so wie die Aufklärung mit dem Christentum verfuhr, als dieses noch von seiner Höllentobsucht befallen war. Ich weiß nicht, wieviel Prozent der Koranverse aus Verfluchungen gegen jene bestehen, die dem

Gesagten nicht zustimmen. In einem Text, der als heilig gelten will, kommt es bei Verfluchungen auf Quantität nicht an. Wären wir bereit, über den haßsprachlichen Zug in der islamischen Orthodoxie hinwegzusehen, würden wir mit der Paranoia wie mit einer gleichberechtigten Fakultät verhandeln.

Aus der Perspektive meines Fachs ergibt sich eine prägnante Konsequenz. Sexuelle Phantasien können nicht verboten werden, doch muß man darauf achten, ihre Schauplätze an Orten anzusiedeln, wohin sie ihrer Natur nach gehören. Wer das Jenseits pornographisiert, läßt sich auf eine gefährliche Verirrung ein. Die Suren 44 und 52, vorausgesetzt, man habe sie in der Vergangenheit jemals richtig gelesen, enthalten anthropologisch unannehmbare Suggestionen. Soll die Würde des Menschen unantastbar sein, so auch deswegen, weil das Recht auf Totenruhe nicht entäußerbar ist. Sie umgibt uns schon zu Lebzeiten wie der Rand unserer künftigen Traueranzeige. Von Anfang an legt sich um jedes Leben eine Aura aus schwarzem Licht. Die Auslagerung des Koitus ins Jenseits ist damit unverträglich. Sie verübt einen Anschlag auf das Imaginäre der Sterblichen.

Philologische Untersuchungen kann und will ich hier nicht anstellen. Der Islam-Wissenschaftler, der unter dem Pseudonym Christoph Luxenberg schreibt, ein Semitist, der sich mit alt-aramäischen Urkunden auskennt, hat vor fünfzehn Jahren für Aufsehen gesorgt, als er versuchte, die Paradiesmädchengeschichte sprachkritisch aufzulösen, indem er sie auf eine simple Fehlübersetzung zurückführte. Die Hur-al-Ayn, die fügsamen Geschöpfe in den Oasen, die den verklärten Muslimen zu Willen sind, stellen in der Koransprache, die viele nicht-arabische Elemente enthält, demnach keine hell-äugigen jungen Frauen dar, sondern weiße Trauben. So gelesen, wird die Zahl 72 sinnvoll, da sie an die füllige Rebe denken läßt, während 72 kopulationsbereite Jung-frauen für einen einzelnen Verewigten eine Absurdität bedeuten. Sie würde die Folgerung nahelegen, das Jen-seits stehe aufgrund seines demographischen Ungleich-gewichts kurz vor dem Staatsstreich der Frauen. Auch wird die Vorstellung, die hellen Objekte seien jederzeit genießbar, im Licht der Trauben-Hypothese plausibel. Der Himmel mag im übrigen sein, was er will, er muß auf jeden Fall als ein Ort ohne orale Entbehrungen vorgestellt werden. Ob er Scharen heller Mädchen oder Schalen weißer Trauben bietet? Das ist die Nuance, die über den Sinn des Ganzen entscheidet. Die wei-ßen Trauben ergeben metaphysisch wie psychologisch einen viel besseren Sinn als die hellen Jungfrauen mit den cremigen Vaginen. Das Ausklingen des weltlichen Appetits in oraler Befriedigung kommt dem pränatalen Schwebe-Zustand nahe. Satt sein und im Fruchtwasser-frieden schweben ergeben verwandte homöostatische Zustände erregungsfreien Daseins. Im übrigen: Daß der Weinberg ein altchristliches Fülle-Symbol war, das mühelos in die Redaktionen eines epigonalen Monothe-ismus vom Typus Islam übernommen werden konnte, muß man nicht umständlich beweisen, es genügt, in Quellensammlungen aus jener Zeit zu blättern.

Ich verfüge nicht über ausreichende Kenntnisse, um die Sache nach der sprachlichen Seite zu entscheiden. Zu hoffen bleibt, daß Luxenbergs Deutung eines Tages von den Imamen respektvoll rezipiert wird. Bis zur Stunde findet man überwiegend grelle Denunziationen gegen ihn. Geriete seine Interpretation eines Tages zur islamischen öffentlichen Meinung, würden die unter ihrem Einfluß lebenden Völker erotisch reformiert und von todesneurotischen Zügen gereinigt.

Als Anthropologe hätte ich die Hilfe des Alt-Orient-Sprachlers übrigens nicht benötigt. Aus den Evidenzen des Kulturenvergleichs läßt sich in aller Gelassenheit konstatieren, die beiden Vorstellungen: »sexuelle Aktivität« und »Nachleben im Jenseits« schließen sich in jeder Hinsicht gegenseitig aus. Nirgendwo auf der Erde stirbt man, um auf der anderen Seite zu koitieren. Diesen Primitivismus muß man dem Islam auf dem Forum des Zivilisationsvergleichs vorwerfen. Naturgemäß geht die sexuelle Aufladung des Jenseits auf eine Projektion des manischen Materials zurück, das sich in Frustrationskulturen ansammelt, so wie jeder zugespitzte Monotheismus eine manische Mobilmachung gegen die depressive Tendenz bedeutet. Weiß man, wie eng die Komplexe Gott und Tod zusammengehören, ist die Vorstellung einer Jenseitssexualität nicht nur gotteslästerlich, sondern todeslästerlich.

Derselbe Gedanke läßt sich in psychologischen Ausdrücken formulieren. Das Paradies ist eine menschheitsweit verbreitete Elementar-Metapher für die Rückkehr zur pränatalen Seinsweise. Vorgeburtlich und post-mortal sind in vielen Kulturen synonyme Vorstellungen. Das einzige, was wir über das Totsein denken dürfen, ist folglich dies: daß es das Erlöschen der fürs Erdenleben typischen Triebspannungen mit sich bringt.

Die Idee von Sexualität post mortem ist ausschließlich durch vergiftete Projektionen zu motivieren. Der triviale Islam lästert den Tod, sobald er die Reinheit des Nichtseins antastet. Es gibt angesehene Koranauslegungen, die den Muslim im Paradies als Inhaber einer nie-endenden Erektion präsentieren. Überdies regeneriere sich die Jungfernhaut der Mädchen nach jedem Gebrauch, weswegen der verklärte Beischläfer immer gewiß sein dürfe, bei dieser Frau der erste zu sein.

Man könnte meinen, es stehe jeder Kultur frei, sich das Jenseits auszumalen, wie es ihr gefällt. Aber das ist nicht richtig. Allen sinnvollen Paradies-Versionen liegt ein Motiv der Tiefenentspannung zugrunde, das man jedoch nicht mit dem Konstrukt des Todestriebs in der Psychoanalyse gleichsetzen darf.

Liebe Kollegen, ich möchte es für heute bei diesen ungeschliffenen Anmerkungen belassen. Ihr solltet es mir nachsehen, wenn ich mich von Eurem auskunftsfreudigen Stil habe anstecken lassen.

Unserer Wiederbegegnung im Juni sehe ich mit Freude entgegen. Kann sein, daß ich einen Freund mitbringe, den ich vor kurzem in einem Meraner Club kennengelernt habe. Er ist Spezialist für die kleineren romanischen Sprachen, vor allem Ladinisch und Korsisch, zudem ein Bergsteiger von Format. Ich träume davon, mit ihm vom Basislager im Süden aus den Aufstieg Petrarcas auf den Mont Ventoux zu wiederholen.

Mit aufrichtigem Dank an Euch alle, daß ich an diesem Unternehmen teilnehmen durfte.

Guido M.

Kurt Silbe <kusil@t-online.de>
Köln, 11. Mai 2015 23:12
An: Desiree zur Lippe <desili@gmx.at>
Cc: Agneta Stutensee <stutensee@gmx.de>;
Peer Sloterdijk <sloty@durlacherfreiheit.de>;
Guido Mösenlechzner <moeslech@alice.it>;
Beatrice von Freygel <beabonadea@orange.fr>

Liebe Desiree,
liebe Freunde,

natürlich sollte ich zuerst auf die Intervention von Nicolaus zu sprechen kommen und den Brief von Guido kommentieren. Das werde ich später tun. Für den Augenblick gehen bei mir die Wellen hoch. Ich muß zusehen, wie ich »den Sturm um meine Ruder« beruhige. Seit gestern mittag überstürzen sich die Einfälle. Ich habe mit einem neuen Hörspiel begonnen, in dem sich alles um das Motiv der Zweistimmigkeit dreht, genauer um Sprachlosigkeit für jeweils zwei Stimmen.

Ganz unzensierbar sprudelt das Drehbuch aus mir hervor, als hätte ein unsichtbarer Verfasser es vorformuliert, ohne zu fragen, ob er mein Unbewußtes mitbenutzen darf. Mir bleibt nicht viel mehr zu tun, als es nach der inneren Vorlage abzuschreiben. Wenn ich das Wort »unzensierbar« benutze, wird Euch das verraten, daß mir der Vorgang nicht geheuer scheint, so eruptiv drängt er voran und so unwidersprechlich fügt sich in ihm eins ans andere.

Anfälle unverdienter Kreativität dieser Art lasse ich sonst kaum zu. Meine Produktionen treten normalerweise zögernd zutage. Ich habe alles in allem Grund, dem vielzitierten »Flow« zu mißtrauen. Bei mir ergibt »Flow« nur Selbstzufriedenes für den Papierkorb. Diesmal folgen die Ideen wie unter Diktat aufeinander. Sie fügen sich zusammen wie Figuren, deren Abfolge auf Endgültigkeit Anspruch erhebt. Vermutlich werden sie keine größeren Korrekturen dulden.

An ein Bedürfnis nach Zensur könnte man hinsichtlich des Sujets leicht denken. Stellt Euch vor, ich widme den akustischen Spuren der weiblichen Lust eine Kantate, wie man sie zuvor noch nie gehört hat. Daß eine solche Bemerkung großsprecherisch klingt, ist mir bewußt. Die Pornographie hält man üblicherweise für eine Gattung, die das Sichtbare bewirtschaftet. Pornoakustik ist kaum betretenes Gebiet.

Mit meinem neuen Stück wage ich mich dorthin voran. Nach einer Seite wird es eine fast klassische »pièce audiophonique« ergeben, das heißt ein »Hör-Spiel« mit erkennbarer Handlung, im gegebenen Fall einer sehr rudimentären, da sie aus einer scheinbar anspruchslosen Aufeinanderfolge von unmißverständlichen weiblichen Vokalgesten besteht.

Nach der anderen Seite soll es als ein freies Lautgedicht auftreten – in mittelbarer Fortsetzung der von den Dadaisten erfundenen Silbenmusik, die sich von der Versklavung der Laute durch die Bedeutungen emanzipieren wollte. Bei mir ergeben sich hieraus fünf zweistimmige Vokalisen. Die sollten ihrer Befremdlichkeit zum Trotz unter die Haut gehen. Einige parodieren den »Boléro« von Ravel und sein ungezogenes Crescendo, von dem man sich fragt, wie es je konzertsaalfähig werden konnte.

Heute vormittag habe ich schon mit einigen Schauspielerinnen und Sprecherinnen telefoniert, um sie für die Produktion zu gewinnen. Anfangs haben sie allesamt hell aufgelacht, als ich ihnen meine Idee erklärte. Doch da ich insistierte, wurden einige nachdenklich und versprachen, es sich zu überlegen. Eine sagte mir unverblümt, sie sei sich nicht sicher, wie ihre Mitwirkung an einer solchen Ferkelei sich auf ihre Karriere auswirken würde.

Um Euch nicht länger auf die Folter zu spannen, schreibe ich ohne weitere Erläuterungen auf, bis wohin ich zur Stunde gekommen bin. Das Stück scheint mir auf der Textbuch-Ebene nahezu fertig zu sein, doch weiß man nie, was bei der Realisierung im Studio geschieht. Am Ende wissen Mikrophone manches besser als der Autor.

Das Geschehen setzt ein mit einem Prolog unter Radio-Produzenten. Erbärmliche Idee, ich weiß, weil kläglich selbstbezüglich, aber sagt mir, wie ein nicht-erbärmlicher Anfang aussehen sollte. In einem schallgedämpften Raum am filzbezogenen Tisch sitzen vier Redakteure beisammen, die Kopfhörer abgelegt und die Mikrophone deaktiviert. Sie widmen sich, deutschgutgesinnt, wie sie sind, der Frage, was sie falsch machen, wenn ihnen das Nachtstudiopublikum entschwindet.

Einer der Redakteure trägt einen, wie er meint, kühnen Plan vor: Statt den Leuten an den Endgeräten unablässig neue unbestellte Autorenstücke vorzusetzen, solle man die Frage zulassen, was das Ohr des Hörers von sich her wirklich hören möchte, sollte es über das Programm entscheiden. Für die visuelle Sphäre habe man vor zwanzig Jahren einen analogen Versuch lanciert. Mit dem in New York gestarteten Projekt »The Most Wanted Painting« wurde die Werk-Zeigewut der bildenden Künstler in Klammern gesetzt, mit der die applaussuchenden Herren der Ateliers die Sehkraft ihres Publikums seit Jahrhunderten strapazieren. An die Stelle der mitteilungswütigen Genialität weniger Berufskreativer sollte das Zugehen auf die Nachfrage des Auges bei den vielen treten. Man müsse die Leinwand demokratisieren. Das Ergebnis bestätigte die Vermutung, der Mensch sei ein idyllisches Tier. Nach Auswertung der Rückmeldungen ergab sich, das alltägliche Auge will tiefe, figurenreiche, doch übersichtliche Landschaften vor sich haben, mit ausreichend großen Blau-Flächen, sei es als Himmel oder als Gewässer. Das Auge hinter dem Auge gibt ein Plebiszit für die Synthese aus Savanne und Strand. Analoge Experimente für das Ohr sind unseres Wissens bisher nicht unternommen geworden.

Daraufhin ergreift ein Kollege das Wort, um Widerspruch anzumelden. Das angeforderte Experiment fürs Gehör finde seit Jahrzehnten in Permanenz statt. Was sei denn Popularmusik nach dem Zweiten Weltkrieg anderes gewesen als eine tägliche Abstimmung über die akustischen Bedürfnisse der vielen?

Ein dritter Sprecher schaltet sich ein: Nein, sagt er, man habe die Massen nie gefragt, ob sie wirklich fortwährend den pränatal-kardialen Beat hören wollen, der sich in sämtlichen Formen von Popular-Akustik austobt. Die vorherrschende musikalische Sonosphäre liefere alles in allem noch immer eine reine Angebotsakustik von oben. Wie jede Mafia macht sie ihre Hörer von Regressionen abhängig. Zu keiner Zeit sei ermittelt worden, was die Hörfähigen am Grund ihres Hörvermögens wirklich begehren.

Nun interveniert der vierte. Er besteht darauf, daß Männer und Frauen akustisch nicht das Gleiche verlangen. Für den hörigen Mann ist »The Most Wanted Sound« das erotische Seufzen der geliebten Frau. Irgendwann sollte das audiophone Theater auf diese Nachfrage eingehen.

Liebe Kollegen, ich verrate Euch kein Geheimnis, wenn ich zugebe, daß der vierte meine Maske darstellt. Der Rest ist, was auf diese Eröffnung folgt. Die Orgasmus-Kantate, die sich der vermuteten Nachfrage nach den meistgewünschten Ton-Ereignissen widmet, umfaßt fünf Sätze von jeweils zwei bis drei Minuten Dauer. In kurzen Akten ohne Vorher und Nachher erkundet das Hörspiel das Intervall zwischen Gesang und akustischem Theater. Der Ambitus der Töne läßt sich auf einer Skala zwischen Brüllen und überhohem Seufzen anordnen.

Natürlich hätte ich, als Laut-Komponist und freier Töne-Versammler, auch zehn prägnante Soli für Frauenstimmen in erotischer Ekstase aufeinanderfolgen lassen können. Sie würden ihre Wirkung nicht verfehlen. Aus einem Grund, den ich nicht ausplaudern möchte, wollte ich aus den zehn Stimmen Duette zusammenstellen, somit fünf an der Zahl, Duette, deren Reihenfolge einer verborgenen Logik folgt, psychologisch und musikalisch.

Ich eröffne die Reihe mit der Summerin und der

Schreierin. Welcher männliche Hörer würde nach dieser Offenbarung nicht erschaudern? Ist er erst einmal in den akustischen Trichter hineingezogen, wird er der Tonfolge nichts entgegensetzen können. Er begreift, daß Klänge in der Welt sind, die uns auf der Stelle mehr erzittern und erstarren machen als jede komponierte und tradierte Musik.

Wenn im folgenden Passus, nach einer Pause von wenigen Sekunden, die Stöhnerin und die Erstickerin ihre Stimmen ineinander verflechten, bebt der Hörer auf seinem Stuhl wie einer, den außer der Lehne nichts mehr hält. Indem er gebührend wehrlos zuhört, nimmt er an zwei Ekstasen teil, die zugleich ungläubig und gläubig machen. Während das Stöhnen einen libidösen Mittelwert anzeigt, erinnert das Ersticken an den düsteren Glanz eines mißratenen Sterbens.

Das sonore Verhängnis gewährt dem Hörer aber keinen Augenblick Ruhe. Ein drittes Duett setzt ein. Im Verlauf von ekstatisch quälenden Minuten muß er miterleben, was eine Grölerin und eine Fleherin einander zu sagen haben. Er braucht solche Töne zu Lebzeiten nicht selber vernommen haben, um zu erfassen, daß es sie wirklich gibt. Es zerreißt ihn, zu begreifen, daß er von manchen der leidenschaftlichsten Konflikte für immer ausgeschlossen bleibt. Zwischen Alt und Sopran werden unsägliche Verhältnisse ausgehandelt. Der Sopran flieht enerviert in die Stratosphäre. Zugleich möchte sein Gegenstück wie ein haltloser Bariton immer heftiger bellen. In diesem Abschnitt arbeite ich mit einem so rücksichtslosen Crescendo, daß jedem braven Ravel-Publikum der Atem stockt.

In der vierten Runde steht die Jublerin der Wimmerin gegenüber – unter musikalischen Aspekten der Höhepunkt des Experiments, da der Jubel, neben dem Versinken in die Trauer, die erste unter den Tongebärden bildet. Indessen bedeutet das Wimmern die Zurücknahme des Tons bis an die Nullstelle des Ausdrucks. Was unterhalb des Jubels wimmert, verrät das Betteln um ein »Encore«. Vermutlich werde ich ein ironisches Decrescendo einsetzen, das ans Erlöschen heranführt.

Ein gewisses Maß an Standfestigkeit wird vonnöten sein, um sich dem fünften Satz der Kantate gewachsen zu zeigen. In dem verweben sich die Stimmen der Bejaherin und der Haucherin. Die erste gibt zu verstehen, daß sie zu keiner Zeit eine Bestätigung ihres Talents zum Ja-und-Amen-Sagen seitens des starken Geschlechts gebraucht hätte. Für die bejahende Frau sind Männer, die ihre Nähe suchen, kaum mehr als dünne Vorwände zum Obenaufsein. Die Haucherin ihrerseits gibt zu verstehen, wie sie vom Überflüssigen Abschied nimmt, mit einem »je ne sais quoi« an Bedauern für jene, die in bezug auf Unaussprechliches andere Erwartungen hegten.

Die Überraschung bleibt dem Ende vorbehalten. Die fünf Sätze der Orgo-Kantate treten in einer Art von Kanon erneut auf, wobei das jeweils folgende Stück um fünfzehn Sekunden versetzt neben den bereits begonnenen anheben soll – bis zu guter oder schlimmer Letzt ein undurchdringlicher Ton-Sturm aus dem Lautsprecher schallt. Hier wird das Plasma, aus dem die Welt entstand, jenseits von Lust und Klage akustisch zum Ereignis. Das Publikum muß glauben, die Armee der Außerirdischen sei gelandet und habe die Rundfunkhäuser

besetzt. Um zu beweisen, daß auch die schlimmste Ur-
suppe von zusätzlicher Unordnung in Wallung gebracht
werden kann, schneide ich während der letzten sechzig
Sekunden einen Cluster von Männerstimmen mit analogen vokalen Aussagewerten hinzu. Dadurch entsteht
ein Chor, wie ihn kein Menschenohr vernommen hat.
Von »hören« im überlieferten Sinn des Worts wird man
da nicht mehr reden wollen.

Die Produktion dürfte die kommenden Wochen in
Anspruch nehmen. Noch habe ich die Hoffnung, mu-
tige Solistinnen zu finden. Ich bin so gut wie sicher, bei
unserer Zusammenkunft im Juni werde ich bereits eine
erste Version des Stücks dabeihaben.

Bald nah ich mich Euch wieder, schwankende Ge-
stalten!

Eurer

Kurt

Beatrice von Freygel <beabonadea@orange.fr>
Grignan, 12. Mai 2015 00:54
An: Kurt Silbe <kusil@t-online.de>
Cc: Desiree zur Lippe <desili@gmx.at>;
Guido Mösenlechzner <moeslech@alice.at>;
Agneta Stutensee <stutensee@gmx.de>

Lieber Kurt,

Dir ist doch klar, daß Du dabei bist, Dir Ärger ein-
zuhandeln, womöglich noch größeren als den, der sich
über Guidos Haupt zusammenbraut? Wenn Ihr Asyl

sucht vor den Gläubigen und Korrekten, sagt Bescheid. Im übrigen kannst Du gegen Ravel einwenden, was Du willst, das Crescendo gehört nun einmal dazu, im Leben wie in der Kunst. Wenn Du im Juni bei uns Deine Kantate vorführst, werde ich ein Abendkleid anziehen.

Liebe Kollegen alle,

wie gerne würde ich mit Euch noch einmal über die Intervention von Sombart reden. Über diesen Zwischenfall dürfen wir nicht mit Stillschweigen hinweggehen! Was macht uns so sicher, daß uns nicht ein Hacker einen Streich gespielt hat? Andererseits: Es finden sich in Sombarts Brief Dinge, auf die unmöglich jemand außer ihm kommen konnte. Man müßte einen Experten für Paranormales konsultieren. Vielleicht sind Wunder ja nur das Ergebnis dessen, daß eine externe Intelligenz eine Lücke in den Naturgesetzen entdeckt hat? Außerdem, wäre es ein Fake, müßten wir zugeben, der Täter weiß über sein Opfer so viel, daß einem angst und bange würde. Könnt Ihr Euch jemanden vorstellen, der das sein sollte? Am Ende gar einer von den Juroren in Bonn, der sich auf unser Vorhaben insgeheim mehr eingelassen hätte, als er sich während der Sitzung anmerken ließ?

Im übrigen weiß ich nicht, was man auf das herzzerreißende Bekenntnisschreiben von Guido antwortet, außer daß der Freund, den er möglicherweise mitbringt, in unserer Runde willkommen wäre. Man wird dann eben etwas zusammenrücken. Guido soll wissen, wie sehr das Tränenthema mir nachgeht. Im Augenblick kann ich nur so viel dazu sagen, daß ich definitiv nicht vierundsechzig Mal im Jahr weine, P. hingegen öfter als siebzehn Mal in zwölf Monaten, viel öfter. Das beweist, was man ohnehin wußte. Statistik und Wirklichkeit treffen sich selten.

P. ist heute abend hier angekommen. Er möchte, sagt er, morgen vormittag ans Meer fahren, angeblich, um seine Gedanken über ein Libretto zu klären. Der Plan kommt mir ein wenig seltsam vor. Was hat der Mann am Meer, was er hier nicht hat?

Am folgenden Mittag:

Es war gestern abend etwas spät geworden. Kurz nach eins gingen wir zu Bett, P., wie so oft, mit einer halben Schlaftablette, ich mit meinen unausgesprochenen Sorgen.

Ich hatte wieder einmal Gelegenheit zu erleben, wie meine Traumfabrik sich mit den Themen des Tages befaßt. Gegen Morgen träumte ich von Caspar David Friedrichs Bild »Der Mönch am Meer«, das schon in meinen Mädchentagen einen schauerlich erhabenen Eindruck auf mich gemacht hatte. Einer der ersten Betrachter soll gesagt haben, man schaue das Gemälde wie mit abgeschnittenen Augenlidern an. Nie zuvor seien die großen Naturelemente Himmel und Meer so hochragend und bedrückend auf einen im Raum verlorenen Menschen eingedrungen. In meinem Traum war der Mönch aus dem Bild verschwunden. Die Natur dehnte sich, erhaben leer und in einsilbiger Trauer, über die Ränder der Leinwand, wie wenn die Elemente beweisen wollten, es sei für sie gleichgültig, ob jemand sie betrachte oder nicht. Mir kam es vor, als sei das Gemälde erst mit dem Verschwinden des Mönchs wirklich fertig geworden. Solange er am Strand stand, den Rücken zum Betrachter gewendet, drängte die Idee sich auf, das Übergroße könne von einen Menscheninneren eingefangen und erwidert werden. Ist der Mönch aus dem Blickfeld gelöscht, wird der Beseelungsschleier über den Elementen weggezogen. Der Raum sammelt sich nicht mehr in einem Beobachter. Mit einem Mal sieht man das reine Zuviel. Am Morgen kam ich nicht so recht zu mir. Es war, als hätte ich ein »Halt!« mißachtet und machte nur mechanisch weiter.

Als P. in den Vormittagszug nach Marseille gestiegen war, fuhr ich etwas beklommen zurück nach Hause. Auf dem Bahnsteig, als ich ihn, um muntere Haltung bemüht, fragend ansah, hatte er beschwichtigend bemerkt, es müsse gar nicht so lange dauern, er werde mich anrufen, sobald die Dinge sich geklärt hätten. Im günstigsten Fall könne er schon morgen abend wieder dasein.

Ins Haus zurückgekehrt, sah ich mich in seinem Arbeitszimmer um. Da war es wieder, dieses Verlangen nach Wahrheit.

Als ich eine Taste von Peers Tischcomputer berührte, ging der Bildschirm auf. Vermutlich zeigte er das Dokument, an dem er noch etwas geändert hatte, bevor wir an den Bahnhof fuhren. Ich schaute darauf. Es umfaßte kaum drei Seiten, in weiten Zeilenabständen notiert. Offensichtlich etwas Vorläufiges. Nur der Titel verriet Entschlossenheit, da er in Großbuchstaben geschrieben war: DIE NEUN SCHREIE DES TEIRESIAS. Darunter: Oper in einem Akt.

Mit einem Mal spüre ich das Bedürfnis, Euch diese

Notizen zu übermitteln. Das wird mir vielleicht helfen, meine Unruhe zu mildern. Was hat es zu bedeuten, wenn P. von einem Tag auf den anderen behauptet, er habe etwas mit dem Meer zu regeln?

Ein Prolog (im Entwurf kursiv gesetzt) erläutert die Hintergrundhandlung des Stücks:

»Teiresias, seit den Tagen Homers und Sophokles' der ruhmreichste unter den althellenischen Sehern, wurde von Hera, der Göttermutter, verflucht, nachdem er in einem Streit zwischen ihr und Zeus, auf seinen eigenen Vorteil unbedacht, zugunsten des Göttervaters Partei ergriffen hatte.

Als der Herr des Olymps und seine geltungssüchtige Gattin im Lauf eines Wortwechsels sich darüber uneins geworden waren, ob der Mann mehr Freude am Liebesspiel empfände als die Frau, votierte Hera eilig für den Mann. Daß sie dies wider besseres Wissen tat, liegt zutage. Als Vorsprecherin der olympischen Frauenpartei durfte sie das Vorrecht der Gattinnen, ihren Männern Vorwürfe zu machen, nicht aus der Hand geben. Sie war wütend, weil Zeus ihre List durchschaute. Jovial sprach der Vater der Götter sich für die größere Freude der Frauen aus. Der Gott sagte die Wahrheit, weil er glaubte, nichts zu verlieren zu haben. Hera hingegen ging strategisch überlegt vor. Sie sah ihren Vorteil darin, das Gegenteil zu behaupten: Auch als Olympierin möchte eine Frau einen Grund haben, sich als Benachteiligte auszugeben.

Teiresias, dem man nachsagte, bei diversen Wiedergeburten das Geschlecht in beiden Richtungen gewechselt zu haben, weswegen er das Liebesspiel aus männlicher wie weiblicher Sicht kannte, war vorgeladen worden, um den Götterzwist mit der Autorität des Wissenden zu entscheiden. Noch verstand der Seher sich nicht auf die Kunst der mehrdeutigen Rede, durch die spätere Orakelstimmen ihren Ruhm vergrößerten. Naiv gab er zu Protokoll, die Lust der Frau sei neunmal größer als die des Mannes. Daraufhin nahm Hera ihm das Augenlicht, zur Strafe dafür, daß er das am besten gehütete Geheimnis der Frauen verraten hatte.«

Die folgenden Notizen wirken unzusammenhängend. Sie lassen nicht erkennen, wie der Fortgang gedacht war. Es scheint aber, und einige Bemerkungen in Gesprächen mit P. während der letzten Wochen deuteten in diese Richtung, das Libretto wolle die Idee entwickeln, der Streit zwischen Zeus und Hera müsse erneut aufgerollt werden, diesmal nicht auf dem Olymp, sondern an einem Ort, wo selbst die Götter zu schwach sind zu lügen.

»Erste Szene: Auf dem Grund der TIEFE (Tartaros).
TEIRESIAS, KRAFT und GEWALT stehen als violette Licht-Phantome auf einer ultraschwarzen Fläche nebeneinander. Sie blicken hin und wieder nach oben.
DER CHOR: Wir warten, wir warten. Wer wartet, gewinnt.

> Neun Tage, neun Nächte,
> So lange fällt der eherne Amboß
> Von Gaias festem Rand
> Durch die geheime Öffnung,
> Bis er den Boden der TIEFE erreicht.

TEIREAIS: Geduldet euch. Geduld ist TIEFE.
         Wahrheit wartet ...«

Es folgen ein paar weitere Einträge, die vermutlich mit dem Libretto nichts zu tun haben.

»Ob es wahr ist, daß die zusammengesetzten Dinge aus ihren kleinsten Teilen zu begreifen sind?«

»Den Husarenritt der Intelligenz durch die Materie im Zeitraffer wiederholen.«

»Warum das Individuum stark ist wie die Welt?«

»Ein Denker, der in dunkler Zeit seiner Heimat der Rücken kehrte, notierte: ›Die Welt im ganzen kann nicht in größerer Not sein als ein einzelner Mensch.‹ Der Satz ist nur zusammen mit dem Gegensatz wahr: ›Das Universum kann nirgendwo seliger sein als in einer einzelnen Person.‹«

Mehr konnte ich dem Bildschirm nicht entnehmen.

Während der letzten halben Stunde war mir zwei- oder dreimal so, als hätte ich das Telefon klingeln hören. Jedesmal hatte ich mich getäuscht. Morgen kann ich Euch vielleicht mehr berichten.

Beatrice

Inhalt